国学经典

李 楠/主编

《论语》全解

重温儒家经典 让《论语》指导现实人生

辽海出版社

【第一卷】

图书在版编目（CIP）数据

《论语》全解 / 李楠主编 . — 沈阳：辽海出版社，
2018.12

ISBN 978-7-5451-5083-4

Ⅰ . ①论… Ⅱ . ①李… Ⅲ . ①儒家②《论语》—研究
Ⅳ . ① B222.25

中国版本图书馆 CIP 数据核字（2018）第 300131 号

《论语》全解

责任编辑：柳海松
责任校对：顾　季
装帧设计：廖　海
开　　本：710mm×1040mm　1/16
印　　张：90
字　　数：1188 千字
出版时间：2019 年 3 月第 1 版
印刷时间：2019 年 3 月第 1 次印刷
出版者：辽海出版社
印刷者：三河市兴博印务有限公司

ISBN 978-7-5451-5083-4　　　　　　定　　价：1580.00 元

《论语》全解编委会

前 言

在我国东周时期，周王室东迁后日益衰微，逐渐丧失了宗主地位，各个诸侯为了争夺霸主地位，开始了长期的兼并战争。

在这期间，鲁国的孔子面对"礼崩乐坏"的社会现实，痛心疾首。为了建立一种新的秩序和规则，他决心恢复周公建立的礼乐制度，提出"克己复礼"的主张，并用"仁"对"礼"进行改造，提出并完善了"仁学"理论。

孔子认为，"仁"就是"爱人"，就是对人要尊重、关心和体谅。"仁"既是每个人必备的修养，又是治国平天下必须遵循的原则。

孔子把孝悌看成"仁"的根本，他把"仁"运用到政治领域，就是重视人民，关心百姓的疾苦，就是"德治"。为了实践"仁"，孔子十分重视"礼"，主张克制自己，使自己的言论行为都符合礼的要求。

有一天，孔子的学生子贡向孔子请教："老师，什么是仁？如何做到仁？"

孔子回答："克制自己，恢复周礼，就是仁；以周礼为标准，时时处处严格要求自己，使自己的言行符合周礼，就是做到仁了！"

为了实现自己的这一政治主张，孔子经过了长达 15 年在各诸侯国的游说。然而，由于当时各诸侯国都忙于争霸，并没有谁采纳他以"仁"治国的政治主张。

颠沛流离十几年后，年近 70 岁的孔子在并未实现自己政治主张的情况下，回到鲁国，专事讲学和历史文献的整理，并把自己的政治主张和思想抱负倾注于笔端，成为我国历史上私学的开山鼻祖，开创了影响我国知识分子 2000 多年的儒家学派。

孔子一生从事教育事业达 40 多年之久，门生众多。据史料记载孔子弟子有 3000 人，其中才华出众、品德优良者 72 人。

孔子去世后，他的主要弟子及其再传弟子将孔子的言行整理成书，书名叫《论语》，内容包括孔子谈话、孔子答弟子问、弟子之间的相互讨论以及弟子对孔子的回忆等，集中体现了孔子的政治主张、论理思想、道德观念及教育原则等。

《论语》作为一部涉及人类生活诸多方面的儒家经典著作，许多篇章谈到做人的问题。

孔子认为，一个人要正直，只有正直才能光明磊落，只有心中坦荡，做事才没有担忧。

做人要重视"仁德"，这是孔子在做人问题上强调最多的问题之一。在孔子看来，仁德是做人的根本，是处于第一位的。孔子还认为，只有仁德的人才能无私地对待别人，才能得到人们的称颂。

孔子提出仁德的标准，这就是刚强、果断、质朴、语言谦虚的人接近于仁德。同时他还提出实践仁德的 5 项标准，即："恭、宽、信、敏、惠"，即恭谨、宽厚、信实、勤敏、慈惠。他说，对人恭谨就不会招致侮辱，待人宽厚就会得到大家拥护，交往信实别人就会信任，做事勤敏就会取得成功，给人慈惠就能够很好使唤民众。孔子说能实行这五种美德者，就可算是仁了。

孔子强调做人还要重视全面发展。他说："志于道，据于德，依于仁，游于艺。"意思是说，志向在于道，根据在于德，凭借在于仁，活动在于"六艺"，即礼、乐、射、御、书、数。只有这样，才能真正地做人。

《论语》成书于战国初期，自古以来就是我国首选的启蒙读物，是我们中华民族古往今来的"同一本书"，共同的话题，共同的语言，共同的思维之道和共同的价值观。

《论语》作为一部涉及生活诸多方面的儒家经典著作，语言简洁精炼，含义深刻，具有深刻的内涵，对我们广大读者具有极大的借鉴意义。

《论语》是研究孔子思想的主要资料。一部《论语》，将孔子及其门生有限生命融到无尽的历史中，创造了我国古代光辉的人文主义精神，被后人誉为"天不生仲尼，如万古长夜"，"半部《论语》治天下"。

《论语》作为国学经典，是我们中华民族五千年的文化精髓，其中蕴涵着丰富而深刻的人生智慧和处世哲理，是经过千百年的历史洗礼和多少代人实践检验过的，是我们广大读者学习的必备精神食粮。我们广大读者阅读《论语》，能够秉承仁义精神，学会谦和待人、谨慎待己、勤学好问等优良品行，使我们成为内外兼修的未来精英。

我们广大读者阅读《论语》，就如同师从贤哲。阅读圣贤之书，与圣贤为伍，是我们精神获得高尚和超越的最高境界。

在如今社会处于转型的时期，充斥着各种各样所谓的现代文化，良莠不齐，纷繁杂芜，作为我们广大读者，应该慎重从文化杂烩中精挑细选最好的、最纯的、最精的文化知识进行学习，以便促进我们健康发展，那么《论语》就是我们最佳的选择。

作为国学经典的《论语》，并非陈旧过时，可以说能够适应任何时代的需要，且不同的时代都可以进行新的解读，都有时代的新意。我们要古为今用，活学活用，在新的时代推陈出新，进行新的解读，赋予新的内涵，不断发扬新的精神。

为此，我们特别编撰了这套《论语》读本，主要是根据广大读者学习吸收的特点，在忠实原著基础上，除了配备原文外，还增设了简单明白的注释和白话新解，同时还配有相应启迪故事和精美图片等，图文并茂，生动形象，非常易于阅读和理解，是广大读者学习《论语》的最佳读物，相信大家从中会获得新的感受和新的意蕴。

前言

目　录

学而时习之

子^①曰："学^②而时^③习之，不亦说^④乎？有朋^⑤自远方来，不亦乐^⑥乎？人不知而不愠^⑦，不亦君子^⑧乎？"

【注释】

①子：我国古代对有地位、有学问的男子的尊称，有时也泛称男子。这里指孔子。

②学：孔子在这里所讲的"学"，主要是指学习西周的《礼》、《乐》、《书》等传统文化典籍。

③时：时时，按时。

④说：同"悦"，愉快、高兴。

⑤有朋：一本作"友朋"。旧注说，"同门曰朋"，即同在一位老师门下学习的叫朋，也就是志同道合的人。

⑥乐：与说有所区别，也表示愉快。

⑦愠：恼怒、怨恨。

⑧君子：有德者，指道德修养高尚而有学问的人。

【解释】

孔子说："学了知识以后，要按一定时间去温习它，不是很愉快吗？有志同道合的朋友从远方来，不是很高兴吗？别人不了解自己，自己也不怨恨，这不就是君子吗？"

孔子人生的理想有三个方面：学习、交朋友、进行自我修养。其中，他把学习放在首位。学习的内容就在于不断地求知致道、讲信修义、进德修身。

孔子反复强调"不亦乐乎"，读书做学问自始至终，都要随时随地地学习，随时随地地反省，只要勤学好问，自然就能不断地提高自己的修养。

【故事】

自强不息的精神源头

"自强不息"源自《周易》："天行健，君子以自强不息。"它要求人们应当自强不息，自胜自立；同时也勉励人们穷则思变，积极改革，奋发图强。

《周易》的诞生地是现在河南安阳南10千米处的羑里城，这里是商纣王囚禁周文王而演《周易》的地方。商纣王为什么囚禁周文王？周文王又是怎样推演著成《周易》的呢？这话要从头说起。

那是在商纣王的时候，周族还是渭河边上的一个部落。按照当时"公、侯、伯、子、男"五等爵位，周部落首领姬昌被商王朝封为"伯"。这时的姬昌还不是周文王，"文王"之名是汉代以后才叫起来的。

周伯姬昌由于修养出很高的德行，对治理国家也有很高的见地和办法，仅仅3年时间，天下就有三分之二的诸侯国归属了他。为了总结先王治理天下的德与失，姬昌认真考察先贤圣王得天下的原因，以及昏王暴君失天下的根源，他一一写下来，存放在明堂，让自己和后代牢记。

商纣王看到天下诸侯纷纷归附姬昌，心里非常忧虑，他忧心忡忡地对重要羽翼崇侯虎说："我与周伯姬昌竞争，现在他越来越强大，如果要纵容姬昌这样下去的话，恐怕有一天他要来对付我。"

崇侯虎说："周伯姬昌的确是个不凡的人，他所作所为都在行仁义之举，而且善于谋略。他的太子姬发勇敢又果断。中间有个儿子叫姬旦的恭敬节俭而又了解天下。正像大王您说的那样，如果纵容了他们，日后我们就有忍受不了的灾祸；如果放纵了他们，日后我们就会有国灭身亡的危险。趁他们还没有真正成大气候，应该及早想办法制服他们。"

商纣听信崇侯虎的谋划，最后，趁周伯姬昌到朝廷觐见之机，把姬昌囚禁在羑里这个地方。姬昌有家难回，有国难投，心潮起伏，思绪万千，遂下决心泰然处之。他面对着伏羲八卦，自强不息，尽自己平生学识，专注地投入推演先人伏羲的八卦。

相传在上古时，伏羲氏创造了先天易，也叫"先天八卦"；神农氏创造了连山易，也叫"连山八卦"；轩辕氏创造了"归藏易"，也叫"归藏八卦"。说起来，以上从伏羲到神农到轩辕，就是一种文化的传承，但是也没有这一方面的专人去收集整理。

姬昌发现，伏羲的八卦包含了变与不变的道理，"八"能生六十四，六十四

又何尝不能生出四千零九十六来，四千零九十六再生出……如此往复，它包含了诸多偶然性、或然性及必然性。

与此同时，"易"，是用数的变化来表示的，这就有了数理在其中；而六十四卦三百八十四爻，那些卦辞与爻辞，上至天文地理，下至人伦道德，森罗万象，无所不包，它汇聚了先人广博的知识和深邃的智慧。于是，姬昌开始对伏羲八卦进行潜心推演。

姬昌推演八卦有两个必要条件：一个是数字；一个是蓍草。其中数字是与人类成长、发展、进步密切相关的，也是《易》的玄关。

《系辞传》记载："天一地二，天三地四、天五地六、天七地八、天九地十。天数五、地数五，五位相得而各有和；天数二十有五，地数三十；凡天地之数，五十有五。"这一段话告诉人们，姬昌以1、3、5、7、9为奇数，为阳、为天；2、4、6、8、10为偶数，为阴、为地。奇数之和为25，偶数之和为30；5个奇数和5个偶数的和为55。

姬昌推演八卦所用的数字，是以天地为依据。这些数字揭示了一个最基本的数学常识概念。这10个数字的构成，是天、地、人，以至宇宙万物的千变万化所不可能离开的，它为人类揭示宇宙未知的奥秘开辟了道路。

就这样，由天才的姬昌被囚羑里的偶然事件，演化成了一部变化莫测的千古奇书《周易》的必然诞生。

后来，《周易》这部书经过周公和孔子两个伟大人物的推论解读，才流传了下来。经过历代传承，《周易》已成了诸子百家之源，被誉为"群经之首"。

《周易》所说的"天行健，君子以自强不息"，意指君子处事，就应该像天那样高大刚毅而自强不息，自我力求进步，永不停止。其实，这句话不但是姬昌自己身处困境，自强不息推演《周易》精神的真实写照，更体现了我国古代思想家对道德主体性的深刻理解，体现了儒家所说"得众动天"、"强我中华"的进取精神。

在古代传统道德中，自强作为道德精神和规范，其主体不仅是指个人，而且也是指人民、国家和民族。"天行健"本身就是一种永恒的运动和变化，因此，"自强不息"也就意味着永不满足现状，不断改革进取，应时以变，以开创之势治国、平天下。

《周易·革》记载：天地变改，四季得以形成，商汤、周武变改桀、纣的命运，既顺从了天的规律，又适应了百姓的愿望，革卦变改之时的意义是多么重大呀！

总之，自强的道德精神，包含着改革进取的内容。自强不息，变法强国，革故鼎新，改革进取的精神，它贯彻于《周易》始终，成了中华民族贯彻古今的优秀传统。

大贤孔子的早年经历

周公制定的礼乐，体现了当时的时代文明。但是，随着形势的发展变化，至春秋末期，整个社会礼崩乐坏，诸侯割据，连年征战，天下混乱。

至公元前 551 年，在鲁国陬邑曲阜东南的叔梁纥家里，一个男婴降生了，取名为孔丘，字仲尼。仲尼从小失去了父亲，只能与母亲颜徵在到外婆家所在的曲阜城生活。

仲尼与母亲相依为命。母亲仅靠自己纺线织布、种粮种菜、饲养禽畜以及亲友的接济艰难度日。这位无比坚强的母亲，只能把自己全部希望都寄托在聪颖懂事的儿子身上。受母亲言传身教的影响，仲尼自幼酷爱礼仪，尤其是对祭祀等一些古老文化礼仪有着浓厚兴趣，并且经常做这方面的游戏。

公元前 546 年早春，一天早饭后，阳光暖暖地照着，大街上传来了悠扬的乐声和嘹亮的锣鼓声。在乐队的后面跟着一队车马。原来，这是某位贵族要进行祭祀活动，参加祭祀的贵族们兴高采烈地坐在车里。

小仲尼赶紧跑出家门和平民百姓一起，紧紧地跟在祭祀队伍的后面。穿街过巷，祭祀队伍来到了曲阜南郊。主祭官和贵族们登上了祭坛，看热闹的布衣平民则有序地站在祭坛周围。

供桌上放着烤熟的猪、牛、羊和油炸的鸡、鸭、鱼、肉等祭品。空气里弥漫着肉的香味儿。只见穿戴一新的主祭官郑重地宣布道："郊祭大典开始！依规程敬祭天神、地神！"

这次郊祭大典大约进行了一个半小时，年幼的仲尼始终兴致勃勃地在旁边观看着。直至祭祀典礼结束了，仲尼才回到家里，但是年仅 6 岁的他仍然兴趣不减。刚吃过午饭，他就在院子里摆上一些坛坛罐罐，模仿起祭礼来。他又当"主祭官"，又当"参祭者"，一步不落地按照程序严格操作着。日复一日，仲尼尽情地演习着郊祭。这一切，都被细心的母亲看在眼里。

有一天，母亲把仲尼叫到身边，微笑着问："丘儿，你长大以后，是想做管祭祀的官吗？小孩子家怎么天天学礼制呀？"

仲尼瞪着一双明亮的大眼睛，认真地回答："娘啊！我长大了，要当个为国效力的好大夫，不学礼制能行吗？"

母亲听到儿子有读书的要求，心中暗喜，一把将儿子搂在怀里说："丘儿真是娘的好孩子！从今以后，咱家里专为你设学堂，你姥爷当过教书先生，我也当教书先生，娘教你读书好吗？"

"太好啦，太好啦！孩儿谢过母亲！"仲尼说完，恭敬地给母亲磕了一个头。

公元前546年，6岁的仲尼在家里跟着自己的母亲学识字。他只用了6天的工夫，就把300多个字学会了。

仲尼到了13岁起便开始入学。当时学生们所学的，主要是敬神祭祀的礼节。此外，就是对待长辈的揖让进退礼貌和一些修身做人的道理。仲尼这时候学习的知识，简单地说就是"尚古"，也就是"崇尚古制"。"古"是指古代的尧帝、舜帝、禹王、周文王、周武王、周公时的政治和文化。

这些帝王都仁慈贤明，他们在位时国内的政治都安定而修明，为民造福。可是，到了仲尼这个时代，情形就大不相同了。

原来，在周天子支配下的各国诸侯，互相争权夺利，纷纷与王室脱离关系，宣告独立，过去的修明政治如今都已被搞得混乱不堪了。鲁国只是东方的一个小国，势弱力小，随时有遭受他国兼并的危险。再加上国内权臣们的钩心斗角，天下纷乱如麻。

仲尼目睹这些情形，不免怀念起古代的修明政治和安定的生活，因而对古代的文化和古时候圣人的言行如《诗》《书》《礼》《乐》等，都很细心地去探究。

仲尼在15岁前学习了一般文化知识和基本技能，但这些根本无法满足他对知识的渴求。由于家境贫寒，仲尼没有条件进入专门为贵族子弟设立的高级学校深造，他就只能通过自学来提高自己的水平了。

母亲的精心教育和家庭的深远影响，使年轻的仲尼表现出与众不同的特质。他勤奋好学，当时社会上要求士人必须精通"礼、乐、射、御、书、数"六大科目，他都努力去掌握。他进太庙时遇见什么问什么，表现出极其强烈的求知欲望。仲尼从不放弃任何一个学习的机会，并且非常热衷于政治。他从小就树立了自己的远大理想，决心步入仕途，中兴家业，出人头地。

仲尼对周公非常仰慕，以至于在梦中见到了周公。每次他梦见周公，醒后总是久久不能入睡。因为敬仰周公，他经常到鲁国各地考察学习，遇有不明白的问题就虚心向他人求教，这使他获得了大量知识。

仲尼时刻不忘随时随地研习周礼，通过不断地观摩钻研，使他对周礼的一套越来越熟悉了，他的名气也越来越大了，就连鲁国国君也开始注意到他了。

冬去春来，转眼间仲尼已经19岁了，出落成了一个英俊儒雅的少年，他在一年一度的初春乡射比赛中夺魁，使得他名声更响亮了。

公元前532年的一天，是仲尼结婚的大喜日子。婚后的第二年，孔夫人就生下了一个儿子，这对年轻的夫妇自是高兴不已。

有了家庭的仲尼比原来更加努力地学习，他还曾经专程到宋国考察殷商的礼制，对周礼的渊源进行了研究。他明确地指出夏礼、殷礼以及周礼之间的继承关系。

鲁昭公对仲尼的言行极为赞赏，当他得知仲尼有了儿子，特地命人送去一条大鲤鱼，以示祝贺。仲尼夫妇能得到当朝君王的如此厚待，简直是受宠若惊。仲尼随即给儿子起名为鲤，字伯鱼，以表示对君王赐鱼的纪念。

仲尼渊博学识和出众的才华得到越来越多人的承认和赏识，特别是鲁昭公赐他鲤鱼的消息更是不胫而走，一时间传遍了鲁国都城。鲁国执政的正卿季武子就派人前来请他，让他担任鲁国的大司寇。

仲尼恪尽职守，正直公正，工作上卓有成效，得到了众人赞誉。与此同时，他一面做好本职工作，一面更加孜孜不倦地学习。他越学越感到不满足，越学越感到自己与古代文化结下了不解之缘。在此期间，曾点、颜路先后拜仲尼为师，做了仲尼的学生。

不久，鲁国上卿大夫孟僖子之子孟懿子来给仲尼拜年。

孟懿子说："我父亲重病前看得明白，鲁都的官学死气沉沉，不出人才。他已面奏国君批准，允许夫子办私学，传道授业。我会遵从父命，尽力帮助夫子办学。"说着，从怀中取出了国君诏书。

这是一份具有深远意义的诏书，它标志着我国从此开启了私人办学的先河。不久，10多个前来求学的青少年就带着行李衣物和学费搬进了孔门。仲尼在阙里的街西边筑起了杏坛，建成了历史上的民间第一所学堂。

仲尼当时的办学基本方针是"有教无类"，即招生对象不分贫富贵贱和民族国别，一律同等对待。这个方针适应了春秋时期文化下移的潮流，突破了以前贵族教育体制在出身、国别、族别等诸多方面的限制，迎合了广大平民的愿望，因而受到了上至达官贵族、下至平民百姓的普遍欢迎。

仲尼幼年曾受道家学派创始人老子的教导，人到中年仍是一心想向老子学习。于是，他就带着颜回、子路等几个弟子到洛阳去见老子。

仲尼说明来意，向老子求教。老子张嘴大笑道："你们看我这些牙齿怎么样？"

仲尼看了看老子的牙齿，早已残缺不全了。老子又伸出了自己的舌头问："那么，我这舌头呢？"

仲尼又仔细地看了看老子的舌头，立时顿悟道："先生学识渊博，果然是名不虚传！"他又面带微笑地接着说，"如醍醐灌顶，方才大悟呀！"

仲尼师徒辞别老子，返回鲁国。在途中，仲尼喜悦极了。弟子们却都疑云重重，不得释然。

仲尼解释说："他张开嘴让我们看他牙齿，意在告诉我们，牙齿虽硬，但是上下碰磨久了，也难免残缺不全；他又让我们看他舌头，意思是说，舌头虽软，但能以柔克刚，所以至今完整无损。"

他的弟子们听后恍然大悟，方才明白了其中的奥妙，各人简直受益匪浅。

仲尼的一生从事教育事业达40多年之久，学生众多，大家都叫他"孔子"。据史料记载，孔子有弟子3000人，其中才华出众、品德优良者有72人。

孔子的学生遍布当时的许多个诸侯国，多数来自鲁国、卫国、齐国、秦国、陈国、宋国、晋国、楚国、吴国、蔡国、燕国等。

孔子曾经按品行和专长对他的学生进行分类，举出第一类的佼佼者。其中品行高洁者以颜渊、闵子骞、冉伯牛、仲弓为代表；表达力强以宰予、子贡为代表；擅长政事者以冉有、子路为代表；在学问研究方面以子游、子夏为代表。

这些弟子和学生们，也就是后人所说的"孔门十哲"。他们大都受到孔子的思想理论、德行和爱好的熏陶，与孔子的政治倾向基本一致。孔子的早期活动，通过亲身实践和创办私学，为后来创立儒学积累了丰富的经验。

宋濂冒大雪访恩师

宋濂是明朝著名的散文家、学者，曾经被明太祖朱元璋称赞为"开国文臣之首"。他由于家境贫苦，少年时每日都是粗茶淡饭，穿着破旧棉衣，他的同学中有不少是富家子弟，穿着绫罗绸缎，但他丝毫没有羡慕的意思，而是把全部心思都用在求学读书上。

宋濂很爱读书，遇到不明白的地方总是喜欢刨根问底。这次，他又遇到了一个问题，为了搞清楚这个问题，他冒雪行走数十里，去请教已经不收学生的闻人梦吉老师，当他赶到了老师的家时，碰巧老师不在家。

但是宋濂并没有气馁，过了几天，他再次去拜访老师，这次老师在家，却以不收学生为由拒绝接见他。因为天冷，宋濂被冻得够呛，他的脚趾都被冻伤了。

当宋濂第三次拜访老师的时候，不小心掉入了雪坑中，幸好被人救起。就在宋濂几乎晕倒在老师家门口的时候，老师终于被他的诚心所感动，耐心解答了宋濂的问题。

后来，宋濂为了求得更多的学问，不畏艰辛劳苦，拜访了很多老师，最终成为闻名遐迩的学者！

李时珍毕生追求科学

自强不息的伟大民族精神传承到明代，在资本主义萌芽出现的背景下，更多地表现为在继承儒家精神基础上的对科技的探索和追求。

明代已经认识到了科技的力量，因此涌现了许多以科学研究为己任的大家，这是自强不息的民族精神在新的历史时期的具体表现。而李时珍就是其中的代表。

李时珍是明代医学家、药物学家。他参考历代有关医药及其学术书籍800余种，踏遍青山绿水进行调查研究，历时27年，编著成我国古代药物学的总结性巨著《本草纲目》。这种献身科学，勇毅创新，敢于赶超前人的进取精神，仍然激励着人们前进。

李时珍是湖北蕲州人，出生于中医世家，受父亲的影响，他渴望自己将来也能做一个济世救人的医生。

李时珍小时候因与父亲上山采药，所以对大自然的一草一木，一山一水，一虫一兽，他都感兴趣。但他对治疗病人所用的药物，比对疾病的兴趣更浓一些。为了满足自己这方面的兴趣和志愿，李时珍开始阅读古代那些专门论述自然界各种事物的书籍，像《山海经》、《尔雅》等，都是他阅读的重点。

此外，专门论述自然界花草虫兽的书，还有历史书、地方志、小说、炼丹书、药方书、笔记、传记、博物志等。只要他能看到的书，他就要拿来看。他还边看，边摘录，边做笔记和写心得。

就这样，李时珍在家中关门读书达 10 年之久，据说连大门也不出。他在27 岁那年，还以医术高明，被推荐入朝，在北京当上了太医。他利用这个机会，收集到许多十分宝贵的医药资料。

李时珍知道，书本上的知识是前人的亲身经历所记载下来的十分宝贵的资料，但他自己也觉得这些资料可能会存在不少不正确、甚至是错误的东西。

他深深知道，医药是人命关天的大事，如稍一不慎，用错了药，那就会是害人而不是救人，这种事是医生绝对不可出现的。

神圣的责任感，促使李时珍立下志愿，要重修一本新的本草书，也就是中药学著作。在广泛阅读前人著作的基础上，李时珍决定到自然界去，做实地调查，亲自实践。

他除了在自己家乡各

地巡游学习、为人治病以外，还不辞辛苦，跋涉万里，足迹踏遍几乎大半个中国，包括河北、江苏、湖南、安徽、河南等地。通过实地考察，李时珍获得了可贵的第一手资料，这就大大增加了写作本草书的科学性。

在巡游各地的过程中，为了研究每一种药物的效用，使读者能得到正确的知识，并在临床时准确地应用这些药，李时珍除了大量查阅前人已取得的成就并加以利用外，他还对自己认为尚未研究清楚，或还存在疑问的地方，都认真负责地进行调查、研究、分析，最后才得出应有的结论。

为了证实鱼类有发声的功能，他特地到海边向渔夫请教学习，终于获得了这方面的知识。他了解到，渔人们总是认真倾听水中的声音，如果声音如雷声般响，这就是石首鱼群来了；如果水中发出轧轧声，那是黄颡鱼群的声音。

为了证实捕蛇者捕蛇的方法，并看看白花蛇身上的花纹的结构，他特地去拜访捕蛇者，并与捕蛇者一同去捕蛇。他看到捕蛇者在石南藤下面铺上沙堆等白花蛇爬过来盘在沙堆上，便用叉子把蛇捕住。他亲自把蛇翻来覆去地看了又看，证实这种蛇身上的确有 24 块方格的花纹。

为了证实铅对人体是有毒的，李时珍曾亲自到铅矿井，与工人一起下井采矿。他还看到采矿工下井以前，总是先吃许多肥肉、狗肉，并喝一些酒，然后才下井去采矿。矿工说：如果空着肚子下井，必然会中铅气的毒，日久就浑身瘫痪，面色发黄，贫血而死亡。李时珍把亲自见到的情况记了下来。

像这样的记载，在《本草纲目》中数不胜数。过去好多本草学家都没有这样认真负责的精神，所以不是记得不确切，就是缺乏记载。他在这方面大大超过前代本草学家。他记载了矿工常发生汞中毒，煤矿工人发生煤气中毒的症状都十分确切，这些在我国是最早的记载。

从事自然科学研究，需要亲身实践，进行反复考证，才能取得第一手资料。在某些学科，亲身的实践有时是需要冒一定的风险的。例如搞化学试验，有时会起火、爆炸等，没有牺牲精神和勇气，是不可能取得真知灼见的。对李时珍这样一个本草学家来说，同样存在这样的问题。

有些药物的作用，需要亲身去实践，如他对鲮鲤，即穿山甲，曾经自己做过解剖，以观察它是否真的是以蚂蚁为食，结果发现这种动物胃中果然是充满了蚂蚁。

李时珍就是用这种亲眼所见，亲手所做来加以检验的，所以他的著作具有很高的科学性，道理就在这里。更为可贵的是，李时珍还以自己的身体去检验某些药物的药理作用。这是需要有献身科学的精神才能做得到的。

有一种叫罗勒子的药物，据记载可以把眼睛中的异物移去，其功效究竟如何呢？是真是假，李时珍决定做试验。

他先用一个碗，碗中放些水，把罗勒子放在碗中，不多一会儿，罗勒子即吸水膨大，形成一层膜，这就说明了它在眼中也能把眼泪吸收起来，这层膜就会吸住异物，所以它确有这种作用。后来他还用自己的眼睛做了试验，效果的确不错。

李时珍的献身精神还不止此。用药试眼，最多眼睛受病。他还曾试验一种药理作用极剧烈的曼陀罗花。曼陀罗花具有麻醉作用，饮用后有如酒醉，可以用来做麻醉药，开刀做手术，都没有问题。

古书上曾经说过，曼陀罗花汤喝下去以后，人就会感到像酒醉一样，不由自主地又笑又闹，手舞足蹈。究竟是不是这样，要喝多少才能达到麻醉的程度呢？当时没有现成的经验可循，只有自己亲身试验，才能知道多少药量合适。

为了把药量药性搞清楚，"不入虎穴，焉得虎子"，他亲自试验了。药量一点一点地加，他自己也以身体的感受来判断用药量，最后，他终于弄清了这种药的用量，要达到"半酣"，也就是半醉的状态，人就会不自觉地手舞足蹈，欢笑而不自主。他用自己的身体，把这种麻醉药的用量弄清楚了。

李时珍的本草学著作面世以后，一直受到人们的重视，不仅在国内如此，在国外同样影响深远。而他献身科学的精神，真正体现了中华民族追求真理的优秀品质。

7 岁的秘书省正字刘晏

刘晏，唐代著名的理财家，曹州南华（今山东东明）人，曾任过县令、京兆尹、盐铁史等职。幼年天资过人，7 岁时，作《东封书》深得唐玄宗的赞扬，被封为秘书省正字。

唐代著名的理财家刘晏出生在曹州南华（今山东东明）。他幼年时天资过人，读书非常用功，小小年纪就会作一手好诗文。

一天，唐玄宗李隆基到泰山举行盛大的祭天典礼，7 岁的刘晏听到这个消息后，由长辈领着从家乡曹州来到泰山行宫，向唐玄宗献上自己精心撰写的《东封书》，文中赞扬唐玄宗治国的功绩，写得非常出色。唐玄宗看了，大为惊奇。一个 7 岁的孩子竟能写出如此文辞隽永的好文章来，唐玄宗对此有些怀疑，于是，就命宰相张说当面测试，看看刘晏是否有真才实学。

刘晏从小长大，从未见过这么大的场面，但他很镇静，一点儿也不怯场。张说出题面试刘晏，他出口成章。又问他一些学术上的深奥问题，他也对答如流，说得头头是道。令那些在场的大臣连连称是，交口称赞。经过当面测试，证实了《东封书》确实为刘晏所作。张说兴高采烈地向唐玄宗如实禀报了测试过程，并称刘晏是神童。唐玄宗大喜，便说："这孩子既然是个神童，就授予他秘书省正字的官职吧。"

唐朝时的秘书省是国家图书馆机构，内藏大量图书。秘书省正字，就是校正书籍中错误的官员。从乡下来到京城的少年刘晏，得到了一个很好的学习机会。他抓紧一切时间，如饥似渴地阅读大量藏书，使自己掌握了丰富的知识，学到了不少新的东西。

一次，唐玄宗在勤政殿观赏杂技演出，艺人王大娘表演了《戴竿》，节目演的是王大娘顶长竿，有一座用木头制作的假山在竿顶上，山上有个小孩载歌载舞，边跳边唱。唐玄宗看了表演，非常高兴，便命人把刘晏叫来。刘晏见过唐玄宗后，杨贵妃忙把他抱过来，放到自己的膝盖上，问："小神童，你刚才看得这个节目好不好？"

刘晏回答说："好，很精彩！"

杨贵妃又问："你能不能以这个节目为题作一首诗？"

刘晏沉思了片刻，吟道：

> 楼前百戏竞争新，惟有长竿妙入神。
>
> 谁谓绮罗翻有力，犹自嫌轻更着人。

这首诗，首先说节目精彩、好看，笔锋一转，最精彩的是哪一个呢？是王大娘的戴竿更美妙传神，一下子把在场人的注意力引到长竿上来。接着更进一步地说，王大娘的技艺多么精湛，力气多么大，人能在竹竿的假山上做各种动作，而王大娘还能轻松自如的表演。听了刘晏的《咏王大娘戴竿》诗后，唐玄宗和杨贵妃大加赞赏，特地把象牙朝板和黄色锦袍等贵重礼品赠送给他。

不仅如此，小神童刘晏还受到宰相张说的特别关心，他常常到秘书省来看望刘晏。一次，张说来了，刘晏正在埋头看书没有看见他，张说便问道："秘书正字，你任职以来正了多少字呀？"

刘晏一看宰相大人来了，忙起身让座，礼貌地回答："天下的字都正，只有一个字不正。"

张说问："哪个字不正？"

刘晏道："'朋'字不正。"

"为什么？"

刘晏说："朋是由两个月字组成，月是歪向一边的。"

张说连声说："答得好，答得好！"

刘晏在书海中度过了他的少年时代，但是，他从不满足，坚持认真读书，不耻下问，虚心求教。长大以后曾任过县令、京兆尹、盐铁史等职，为官20余年来，一直主管财政，两袖清风，无贪无沾，清正廉洁，为时人和世人所称道。

孝弟为仁之本

有子^①曰："其为人也孝弟^②，而好犯上^③者鲜^④矣；不好犯上而好作乱者，未之有也。君子务本^⑤，本立而道生。孝弟也者，其为仁之本^⑥与！"

【注释】

①有子：孔子的学生，姓有，名若。在《论语》书中，记载的孔子学生，一般都称字，只有曾参和有若称"子"。

②孝弟：孝，儒家所认为的子女对待父母的正确态度；弟是弟弟对待兄长的正确态度。弟通"悌"。

③犯上：犯，冒犯、干犯。上，指在上位的人。

④鲜：少的意思。《论语》书中的"鲜"字，都是如此用法。

⑤务本：务，专心、致力于。本，根本。

⑥为仁之本：仁是孔子哲学思想的最高范畴，又是伦理道德准则。为仁之本，即以孝悌作为仁的根本。

【解释】

有子说："孝顺父母，友爱弟兄，却喜欢冒犯长辈和上级，这样的人是很少见的；不喜欢冒犯长辈和上级，却喜欢造反的人是没有的。君子专心致力于事务的根本，根本建立了，治国做人的原则也就有了。孝顺父母，敬爱兄长，这就是仁爱的根本啊！"

【故事】

舜孝敬父母友爱兄弟

东方人类从母系社会过渡到父系社会经历了漫长的过程，这个过程直至舜时才得以完善。以舜为主体形成的舜文化，是中华民族道德文化的源头，对华夏文明的形成与发展产生了极大的影响。

舜是道德文化的鼻祖。舜以崇尚孝悌而闻名于时，以推行"父义、母慈、兄友、弟恭、子孝"的家庭理念而恭行于世，以全新的道德文化开辟了东方人类社会的新纪元。

舜是黄帝的后裔，传说中的远古帝王，五帝之一。舜出生以后，本来有一个幸福的家庭。但是，天有不测风云，人有旦夕祸福。舜4岁那年，母亲去世，父亲瞽叟就又娶了一个老婆，舜在家中的地位发生了180度的大转变。他不再是家庭中的宝贝，而是成为家庭中的累赘，成为一个多余的人。

后母壬女是当地有名的泼妇，人人都怕她三分。她与瞽叟成家后，对舜这也看不惯，那也不顺眼，从来就没有一个好脸色，动不动就打骂、饿饭。凡是后母身上的毛病，在壬女身上都可以找到。

瞽叟则事事顺着壬女，任其所为。特别是壬女生下儿子象以后，更是把舜看成是家里多余的人，倍加虐待，并千方百计地想把舜赶出家门。更为严重的是，壬女还多次与瞽叟合谋想要杀掉舜。

舜同父异母的兄弟象是一个非常傲慢的人，不讲道理时时处处欺负舜。在这样的逆境中，舜逆来顺受仍然恭敬地侍奉父亲和继母，爱护着兄弟象。

每当瞽叟、壬女想要害他的时候，他就躲起来。而平时一般性的打骂、惩罚，他就默默地承受。

对于舜的孝行，《史记·五帝本纪》中记载：

> 瞽叟由于爱续妻壬女与小儿子象，常常想杀害舜。在瞽叟动杀机的时候，舜就逃避，不让自己遭到杀害。但在一般情况下，要打要骂，就随他们的便。不管情况如何，舜都不违背父母的意愿，每天都谨慎地侍奉他们，从不懈怠。

那么，舜孝敬父母、友爱兄弟，都有哪些具体的事迹呢？

有一次，象独自去放牛。由于贪玩牛跑到氏族部落的地里践踏了庄稼。尧舜时代还是氏族公社所有制，任何人都不得乱拿氏族公社的东西，也不能毁坏公社的东西。否则，就要受到惩罚。象放牛践踏了公家的庄稼，部落酋长通知瞽叟去"请荆"。

所谓"请荆"，就是主动到部落酋长那里接受"鞭刑"。在接到"请荆"的通知后，瞽叟只得老老实实地按照规矩，把自己捆绑得结结实实，到酋长那里请求处罚，接受鞭笞。

舜从外面回来，听说父亲"请荆"，要受鞭笞之刑，就急急忙忙跑到酋长那里，请求代父亲受刑。舜的举动，使大家很受感动。酋长素来知道舜的为人，就将舜的刑罚草草了事。

壬女一直想把舜赶出家门，但又没有找到适当的理由。一次，壬女终于想出了一个法子。春天到了，壬女要舜与象到两个地方去种豆子，谁的豆子出了苗就可以回家，没有出苗就不能回家。

为使舜的地里长不出豆苗，不能回家，壬女就事先把舜的豆子炒熟了。兄弟俩快要分手的时候，都已经走累了，象要求休息一下。

鬼使神差，临走时，由于两人的袋子一模一样，象拿走了舜的袋子，舜拿着象的袋子。结果，过了一段时间，舜的地里就长出了豆苗，平安回到家里。象的地里却怎么也长不出豆苗，久久不能回家。

壬女看到舜回来了，象却没有回来，已经明白了是怎么回事，气得病了一场。舜回来后，看到象还没有回来，又返回到象种豆的地方，象已经饿得倒在地上。这时，舜就把饿昏了的象背了回来。

有一天，壬女要象到舜那里对他说："家里的仓有点漏雨，父母要你回去修理一下。"

父母之命，舜当然要服从。舜到了姚墟，爬上了仓顶。正在进行仔细检查修补时，突然间浓烟滚滚。舜一看，原来是仓库下面已经着火了。于是，舜想找梯子下来，但梯子已经不翼而飞；叫壬女和象快来救火，壬女和象也已经跑得无影无踪。

舜被这突如其来的变故急得满头大汗。情急之中，求生的本能发挥了作用，舜不顾一切地往下一跳。这时候，娥皇和女英为他准备的披风，在下降的过程中张开，从而增加了空气阻力，减缓了下降速度，使舜顺利地落到地

上逃过一劫。

过了不久，瞽叟对舜说："家里那口水井，自从你打成后还没有淘过，现在淤泥多了，你什么时候抽空回去淘一淘。"舜二话没说，立即就答应了。

舜立即开展淘井工作。正在这时，瞽叟、壬女与象就往井里填泥土和石头。他们心想，这一次舜必死无疑。但他们没想到的是，舜竟然活着出来了。

原来，舜当年打井时，在井下打了一条通向邻近水井的通道。当他下到井底准备淘井之际，突然看到上面往下掉泥土和石头，知道大事不妙，于是就躲进井下通道，从另外一个井口出来了，又一次躲过了一场灭顶之灾。

在瞽叟、壬女与象谋害舜的过程中，还发生过这样一件事：他们邀请舜赴宴，想把舜灌醉后再杀掉。娥皇和女英觉察到了他们的阴谋。因为舜是孝子，她们不能阻止舜去赴宴，以免有损舜孝敬父母的声誉。于是，她们采集了不少草药，熬成药汤，让舜在药汤里浸泡，然后让舜赴宴。

由于舜泡了药汤，身体的解酒功能大大提高，终日饮酒不醉。瞽叟、壬女与象不断地给舜敬酒，舜则来者不拒毫无醉意。没想到象在不断敬酒中，倒是把自己先给灌醉了。最后，醉酒杀舜的阴谋就这样失败了。

在这以后，舜仍然像往常一样孝敬父母，友爱兄弟，得到人们的广泛赞誉。舜的孝道对先秦时期儒家思想的形成有特别的意义。儒家的学说重视孝道，舜的传说也是以孝著称，所以他的人格形象正好作为儒家伦理学说的典范。

孔子和孟子都极力推崇舜的孝行，而且倡导人们努力向舜看齐，做舜那样的孝子。孟子甚至设想，舜做了天子后，瞽叟因杀人而被捕，舜虽不会利用权力破坏刑律而将其赦免，但一定到监狱里偷偷地把父亲背出来，一起逃到海滨，过无忧无虑的日子，为了共享天伦之乐而忘掉天子的地位。

由于儒家的宣传，有关舜的事迹传说在传统文化中留下极深刻的影响，也成了儒家"仁爱孝悌"思想的历史渊源。

周公以孝悌仁爱服天下

舜帝开创的道德文明，至西周时期得到了继承和发扬。西周时期，以周公为代表的思想家和政治家，注重仁爱天下，强调孝悌之行。

周公是被公认的儒学奠基人，他所倡行的仁爱孝悌，是儒家道德修养的重要标志，逐渐发展成为我国传统文化的重要组成部分。

周公，又称周公旦，是西周初期人，是周武王的弟弟。周公旦对父亲周文王姬昌非常孝顺，仁爱之心胜过其他兄弟。周文王过世后，他又以仁爱之心辅佐周天子，天下人无人不钦佩。

周武王姬发即位后，周公辅佐周武王，处理了许多政务。公元前 1066 年，武王讨伐商纣王。周公辅佐周武王，最后打败商纣王，灭商建周。

周武王封纣王的儿子禄父为殷君，让自己的弟弟管叔鲜、蔡叔度辅助他治理。同时大封功臣、同姓和亲戚。周公的封地在曲阜，封号是鲁公。但周公并没有去封地，而是留在朝廷辅佐周武王。

周武王战胜纣王后，天下还没有完全统一，周武王却患了病，病情十分严重。大臣们都感到恐惧，太公望和周召公想用占卜弄清楚吉凶。

周公道："不能让我们的先王忧虑悲伤。"周公于是以身为质设立了 3 个先王的祭坛。

周公向北站立，手捧玉璧玉圭，向周代 3 个先王的灵位祈祷说："你们的长孙周王发积劳成疾，如果 3 位先王欠上天一个儿子，请让我代替周王发。现在我通过占卜的大龟听命于先王。"

周公命史官记下这些祝词，然后在 3 位先王灵前占卜，占卜的结果表明是大吉。又开锁查看秘密藏在柜中的占卜书也是吉象。

周公命人将册文收进密柜，然后进宫祝贺周武王说："您没有灾祸。我刚才接受了3位先王的命令，让您只需考虑周室天下的长远利益，不要担心别的。"也许是神灵保佑，第二天，周武王的病果然就好了。

后来，周武王去世，年幼的周成王即位。周公担心有人乘机起兵背叛朝廷，引起天下大乱，就暂时代替周成王处理政务，主掌国家大权。

管叔和他的几个弟弟在国中散布流言说："周公阴谋篡夺王位。"

周公告诉太公望、周召公说："我不避嫌疑代理国政，是怕有人背叛周王室，没法向我们的先王交代。3位先王为天下大事长期操劳，现在刚刚成功，武王早逝，成王年幼，我只是为了稳定周王室的事业才这样做的。"

周公派儿子伯禽代替自己去鲁地受封，临行前语重心长地对伯禽说："我是文王的儿子、武王的弟弟、成王的叔父，在天下人的心目中，我的地位不算低了，但我却忙得洗一次头要3次提起头发，吃一顿饭要3次吐出正在咀嚼的食物，赶着去接待贤士。即使这样，我还生怕失掉了天下的贤士。你到鲁国以后，千万不要因为地位高贵而怠慢他人。"

不久，管叔、蔡叔、武庚等人率领淮地部落起来造反。周公奉周成王的命令，带兵东征。他顺利地平定了叛乱，安抚了商的遗民。周公在两年内完

全平定了淮地和东部其他地区，各诸侯国都归了周王室。

周成王长大以后，周公就把政权交给周成王。周公站在臣子的位置上，谨慎恭敬地辅佐周成王，像踏着薄冰走路一样小心翼翼。

周成王执政后，对周公不满的人造他的谣言，说他有野心，想篡权。周公无法辩解，只好去了楚国。

一天，周成王命人打开藏着秘密文件的小柜子，发现里面有一册文书，原来是周公写着"王年龄幼小，冒犯神灵的是旦，希望神灵把灾难降到旦头上，饶恕王。"

原来，周成王小的时候，曾患过很重的病，看着快不行了。周公把自己的指甲剪下来，到黄河岸边祈祷，写下这份祝词，希望自己能代替周成王去死。

这份文书藏在密柜中。周成王看了这份祝词后，感动得泪流满面，连忙派人去楚国迎回周公。周公回都城后，担心周成王年轻，忽视国家大事，就写了《多士》《无逸》两篇文章。

周公在文章中讲述商、周的贤王勤勉治国和商纣王误国的历史，阐明了历代兴亡成败的道理，希望周成王能学习先代圣贤的榜样，做一个英明的君主。

当时天下虽已安定，但朝廷的官职制度还未安排得当。于是周公写了《周官》，划定百官的职责；又写了《立政》，规定执政者要为百姓做好事，百姓都欢欣鼓舞；并制定了一套完备的礼乐和典章制度。

周公辛勤操劳国事，积劳成疾，患了重病。临终时他说："一定要把我埋葬在成周，以此来表示我不敢离开周成王。"

周公去世后，周成王把他埋葬在毕邑周文王的墓旁，表示自己不敢把周公当作臣子。毕邑位于现在的陕西省咸阳市北。

周成王下令，特准鲁国在举行郊祭和祭祖时，让周公享有和周天子一样的礼乐，以褒奖周公的德行。

周公制礼作乐，建立典章制度，尤其是以孝悌之道辅佐周天子，对历史产生深远影响。周公思想对儒家的形成起了奠基性的作用，汉代时的儒家曾经将周公、孔子并称。

孔子践行仁爱之道

周公宣扬以仁爱治天下，强调孝悌之行，这一思想到了春秋时期的孔子这里，又有所发展。孔子创建的仁爱思想，是孔子认为的理想人格，也是儒家思想的重要组成部分。

孔子强调，为仁要身体力行，反对花言巧语的伪饰和卑躬屈膝的奉承。在孔子看来，仁者心地坦荡无私，无患得患失之念，所以"仁者不忧"。

在鲁国，有一位非常节俭的人，做饭用的是瓦做的炊具。有一天，他做了一些食物，自己吃了以后觉得味道很美，便装到了一个盛羹的瓦器里，特意献给孔夫子尝尝。

孔子接受以后，显得很高兴，就像接受了三牲的馈赠一样。

孔子的弟子子路问道："阔口的瓦盆，是一种简陋的器皿，煮的食物也不过是很普通的东西，先生您为什么会高兴得这样啊？"

孔子说："善于进谏的人，他心中常会想到君王；吃到美味的人，心中会想起父母。我并不是因为所馈赠的食物丰厚，是因为他吃到好东西就想到我啊！"

有一次，孔子到了楚国，有一位捕鱼的人，送来一条鱼，孔子不肯接受。

捕鱼的人说："天这么热，市集又很远，没有地方去卖啊，想到如果把它丢在污秽的地方，还不如送给君子食用，因此我才敢冒昧地拿来送给您啊！"

孔子听后，很恭敬地拜了两拜，接受了这条鱼，并让弟子们把室内打扫干净，准备把它作为祭品供献给祖宗神灵。

孔子的弟子很是奇怪，问道："那捕鱼的人，是打算把它丢弃的，先生您却用它来做祭品，这是为什么呢？"

孔子说："我听说，爱惜食物，不愿它腐坏，将食物施与别人，这与心存仁爱的人是同一类的。如此，哪有受到仁爱之人的馈赠，却不拿去祭祀祖宗神灵呢？"

在这个故事中，孔子看到的是送食人的心境，而非馈赠食物的厚薄，可见孔子的一颗仁者之心。

渔者将欲弃之鱼，拿来献给孔子，孔子却用来祭祀，他的做法令人不解。而且，孔子还以很恭敬的心来接受这条鱼。致使学生产生疑惑向孔子请问。孔子这才向学生解释道，一个珍爱食物，不愿随意浪费之人，与仁人君子是同一类的啊，他们所献来的食物，焉能不用来祭祀呢？

天地化育万物，何其不易。一粥一饭，半丝半缕，是多少人的血汗，若在艰难困苦的日子里，食物就更显得珍贵。一个懂得爱惜粮食物品之人，知道体恤他人的付出，也有一颗

知恩感恩之心，不忍随意践踏、浪费。这样的人，心存仁爱，是与仁人君子同样的境界。孔子将这鱼用来祭祀，也是对仁爱之人的尊重。

孔子的弟子高柴，字季羔，也叫子羔，憨直忠厚，在春秋时期，担任卫国的刑官，为官清廉，执法公平。有一次，有一个人犯了法，季羔按刑法，下令砍掉了他的脚。

不久，卫国里发生了卫灵公之子蒯聩兴兵作乱之事，季羔因此逃了出来。当季羔逃到了城门口时，竟发现守城门的人恰是那位被他砍掉脚的人。

这位守城人一看是季羔，不但没有借机抓他，反告诉季羔说："那边有一个缺口，可以跳出城去。"

季羔答道："君子是不会去逾越围墙的。"

守城人停了一下，想了想，又告诉季羔说："在那边有一个小洞，也可以爬出城外。"

季羔又答道："君子是不会从洞里钻着出去的。"

搜捕的人眼看着就要到了，危急之下，守城的人左右看看，马上告诉季羔说："这有一间房子，先生您或许可以先藏一下！"

于是季羔就躲进了房子里。

过了不久，追捕的人停止了搜索，季羔也得以安全了。当季羔正准备从那里离开时，心中感谢守城的人，对他说道："我不能违背法令，亲自下令砍了你的脚，如今我在危难之中，这正是你报仇的好时机，你反而3次让我找机会逃走，这是为什么呢？"

守城人说："砍了我的脚，是因为我犯了罪，这是无可奈何之事。可那时，您按法令来治我的罪，叫行刑的人先砍别人的，再砍我的，是希望我能得到机会侥幸赦免啊！我知道案情已经查明，罪行也已判定了，可等到要宣判定刑的时候，您那忧愁的样子，都显现在了脸上，我是看在眼里的，难道您对我有什么偏爱吗？上天诞生了一个有道德修养的人，本来就应该如此啊，这便是我敬重您的原因。"

孔子听说了此事，禁不住赞叹道："季羔真是善于为吏啊，同样是执行法令，想着仁爱宽恕就可以树立恩德，若加以严酷暴虐就要结成仇怨。秉公办事，仁爱存心，这是季羔的做法啊！"

犯罪判刑，理应依法办理，有法可依，违法必究，自然不可徇私悖理。故被砍去脚的守城人在受到刑罚之后，自知是自己违背法令所受的惩罚，心中没有可怨，季羔也是秉公处理，并无私心私怨。

然而，季羔虽判人刑罚，却也不失他的仁爱存心，于心不忍，在最后时刻，仍尽己所能，希望能帮助犯者有所减轻。在将要宣判时，心中忧愁自然形之于色，受刑者见之，也能感受到季羔的不忍。虽执法以公，但居心以仁，由此也让受刑者敬重。

被砍去脚的守城人也是一明理之人，虽被处以刑罚，但自知是自己过错，没有半点埋怨之意。在季羔受难之时，本可以借此报怨，却仍帮助季羔躲过劫难，也确是知情达理。也正因为他深知季羔的仁德，敬重季羔的为人，故3次相助，让季羔得以脱难，此举同样为人敬佩。

孔子认为，具有仁的品德的人还无所畏惧，敢于坚持真理，"仁者必有勇，勇者不必有仁"。当君子在国家危亡之际、人民困苦之时，他能凭借仁智勇挺身而出，不顾惜自身生死存亡。

公元前500年，鲁定公与齐景公要在夹谷举行盟会，孔子正任鲁国的代理国相。

孔子对鲁定公说："臣听闻以和平解决国与国之间的争端，必定要有武力做后盾；以战争解决国与国之间的纠纷，也要有和平解决的准备。古代诸侯同时离开国境，一定要配备应有的官员作为随从，请君上配备左右司马随行吧！"

鲁定公接受了孔子的建议，配备了掌管军事的左右司马。到了盟会的地方，除土为坛，上设席位，用土垒成三级的阶梯，以诸侯会遇的礼节与齐侯会了面。宾主互相揖让着登上坛，又互相敬完了酒。然而，齐方却暗地里让武士手执兵器，鼓噪喧呼，想要劫持鲁定公。

当此危急之际，孔子立即登上阶梯，走向前，扶着鲁定公退下坛来。

随后，孔子对着鲁国的卫士们说："你们可以拿起兵器杀了他们。我们两国君主结盟，边远的东夷，战败的俘虏，竟敢称兵闹事，破坏两国友谊，这不是齐君对待别国诸侯的道理。边远的人不应参与中夏的政事，东夷之属不应干扰华夏的活动，俘虏不得干预盟约，兵士不得威逼友邦。以神道来说是不祥，从道德而言是违义，于人之交往是失礼。齐君必定不会这么做。"

齐侯听了很惭愧，于是挥了手让武士退避下去。不久，齐人又演奏起宫中的音乐，还使歌舞杂技的艺人嬉戏于前，以此想戏弄鲁定公。

孔子见了，立刻上前，登阶而上，还有一个阶梯来不及登便高声说："匹夫荧侮诸侯，论罪当杀，请右司马赶快行刑吧！"

齐侯不料有此结果，紧张起来，脸上露出了羞愧的颜色。

在将要正式订盟的时候，齐人又故意在盟约上加了一条说："如果不派出兵车 300 乘跟着我军去征战，就要像盟约中所约束的那样。"

孔子也不甘示弱，他回答道："若不归还侵占我国汶阳之田，而要我军遵照出兵之命的，也同样受到盟约的制裁。"

之后，齐侯准备要宴会鲁定公，孔子对着齐国的大夫梁丘据说道："齐鲁两国的传统制度，先生难道没有听说过吗？盟约已经订好，如果又要设宴来招待，不是太麻烦你们的官员么？而且牛形或象形的酒器是在宗庙与宫廷内用来祀神或宴宾的，不应当拿到野外来；飨宴的音乐，也是设于宗庙或宫廷，不应到野外来合奏。宴会上如果配齐了这些东西，那就是丢掉了先王之礼；如果不配备这些东西，那就丝毫价值也没有。没有丝毫价值，我会感到羞辱，丢弃先王的礼节，齐侯会因此背上恶名。您何不仔细考虑考虑？说到宴会，那是显示一种政治道德和政治风度的，如果显示不出来，那还不如作罢的好。"

于是，齐侯最终没有设宴来招待鲁定公。

齐侯回到国内，为当日的事颇感羞愧，便责怪他的群臣百官说："鲁人拿君子的道义去辅佐他的君主，你们却使用夷狄的办法来教我，使我犯下不少过失。"于是，齐侯便归还了过去侵占的鲁国四邑以及汶阳的田地。

孔子身为大儒，万世师表，他文质彬彬，言行有礼，有着君子的和善风范。然而在陪同鲁定公与齐景公会晤时，面对齐人种种阴谋与无礼挑衅，在情势危急之下，他却能当机立断，勇气十足，并且据理力争。

以其不凡的机智与魄力，不仅没有让齐国有侮辱轻慢鲁定公的机会，也使齐侯归还了原来所侵占的鲁国土地，终不辱君命，圆满完成使命。真可谓是文武双全的人才！

知、仁、勇，三者缺一不可。倘若有所偏失，便难以达到圆满的效果。除了一颗仁爱之心外，待人处事也需有智慧。需用威严之时，便当以威严之势折服，这样才能制止恶行，不使其在罪恶的泥潭中越陷越深。因此除了仁爱与义勇外，智慧也是不可或缺的。

孔子所宣扬的仁具有泛爱的特点，是对春秋时期人的价值发现的肯定。比如有一次马厩失火，孔子退朝回来只问伤到人没有，而不问马。养马者的社会地位很低，这个例子有力地说明孔子的仁适用于劳动人民。

总之，孔子把"仁"作为最高的道德原则、道德标准和道德境界。他第一个把整体的道德规范集于一体，形成了以"仁"为核心的伦理思想结构。他的仁爱思想经后儒的不断充实，已经成为儒家人学思想中永恒的"不灭之火"。

孔子教育弟子勇毅力行

周文王推演而成《周易》后，其中的"天行健，君子以自强不息"的精神被历代发扬光大。最初将这一精神用于实践的，是春秋时期的儒家创始人孔子。

作为一个伟大的教育家，他认为，仁者不忧，智者不惑，勇者不惧。为此，他以仁、智、勇"三达德"为核心教育弟子，要求弟子做到勇毅力行，至死不变。这是孔子思想的基本内容之一，也是儒家文化的重要内容。

"三达德"的养成重在勇毅力行，坚持到底。孔子在教育实践中始终贯彻这一精神要旨。

有一次，孔子和弟子们优游讲学于郊野。听说附近住着一位远近闻名的老农，年已 70 岁，身体健康，勤劳俭朴，遇事礼让，附近百姓遇到大小事都去找他询问，有什么纠纷口角也请他出面调解，只要他说一句话，问题就解决了，便很想前去拜访他。

孔子一行找到了老农的居所。只见房屋虽小，但墙壁用泥抹得平整光亮，屋顶茅苫盖得整齐严实，屋内屋外打扫得干干净净。孔子和弟子进入屋内，只见老人腰背挺直，正在厨房用陶鬲煮饭。见到这些不速之客，老人连忙放下炊具，躬身相迎。

孔子向老人介绍了自己的身份和来意。接着问道："老人家，你还有什么亲人吗？"

老人答："有一个儿子和儿媳、孙子。"

孔子又问："你这么大年纪了，为什么不同他们一起生活呢？"

老人说："他们孝顺我，好的东西常常先给我享用，孙子也经常来看我，

身上的衣服全是儿媳做的。现在我自己还能自理，若和他们生活在一起，就加重了他们的负担，所以就自己独立生活了。"

孔子说："这也算得是父慈子孝了！"

老人随即取来盂，装着饭吃了起来，边吃边说："香啊！甜啊！先生你看这饭是多么香啊！你不嫌弃的话，也请你尝尝。"

孔子高兴地接过老人送上的饭，恭敬地祭天地后，也跟着有滋有味地吃了起来，就像在吃国君分给他的祭肉一样。

老人又为每人盛了一盂，孔子边吃边赞赏地说："好啊，真是又香又甜的美食！"吃完饭后，他们又和老人闲聊了一阵，才起身告辞。

在路上，子路问老师："先生，陶甂和盂是最粗陋的炊具器皿，用它煮的饭食是最低下的饭食，先生如何吃得这样高兴呢？"

孔子说："一个喜欢劝谏君王的臣子，其必然时时想着的是君王；一个孝顺的儿子，当他拿着美味的佳肴后，必然先想到的是他的父母；一个想为百姓做好事的人，也必然是和百姓想的一样。今天，我不是看他的炊具器皿是否尊贵，而是看他待人的态度，老人虽已年迈，但有那样健康的心态对待他人，享受人生，真地令人如沐春风啊！他的那份热情难道不感染你吗？"

颜回说："从他的盛情就可看出，他是个道德高尚的人啊！"

孔子接着说："知足常乐，心地坦坦荡荡，这种高尚的人寿命将会很长。这就是仁者不忧啊！"

一天，孔子带着子路、子贡、颜回路过农山。农山险峻高耸，景色秀丽，孔子师徒即登山一游。登上山顶后，孔子望着壮丽山河感叹说："登高望远，令人心潮澎湃，你们各自来谈谈心中的志向吧！"

子路忙趋前说："我愿那前面宽旷的平原上，有一大队手执刀、枪、斧、钺的人马，呼啸着朝我杀来，在这样的阵势前面，我一人敢于仗剑杀敌，得地千里。"

孔子说："仲由，你真是勇士啊！"

子贡接着说："赐愿出使齐国和鲁国。这两个国家将要大战于广大平原，正当两军对峙之时，我敢站立于两军阵前，凭三寸不烂之舌，消弭战事，解除两国战争带来的痛苦。"

孔子说："端木赐呀，你的确能言善辩！"

两人听了孔子的评说后，颇感高兴。

而颜回却默然不语。孔子便招呼道："回啊，过来，你也来谈谈吧！"

颜回回答说："论文武之事，他们两人都已说过，我在这些方面远不及他们，我还有什么可说的呢？"

孔子说："他们虽然都说了自己的愿望，但我还是想听你的志向啊！"

颜回说："回曾听说过那极香的薰草和臭味难闻的莸草是不能同藏于一个器皿之中的，贤君尧和暴君夏桀是不能共同治理一个国家的，这叫物以类聚，人以群分。回只希望得一个圣明的君主，我就去忠诚地辅佐他，并在广大的百姓中，全面施以父义、母慈、兄友、弟恭、子孝的教育，引导他们的行为遵循礼乐，使国家的城郭可以不修而无忧患，沟池不修而无人逾越，把剑、戟、斧、钺等兵器全用来铸造农具，把那些作战用的牛马都放于水草丰富的原野上，使每个家庭再无离散的忧虑，使天下千秋万代免除战争祸根。这样，那仲由也用不着一人陷阵了，赐也不用那样滔滔雄辩了！"

孔子听后高兴地说："回啊！你的愿望真好，这就是智者不惑啊！"

子路一时不明白孔子的意思，便问："先生，我们都说自己的志向，你认为哪个符合你的心意呢？"

孔子极目远眺，神色肃穆地对着3个弟子说："我的愿望是实现一个人民安居乐业，天下永世太平的大同世界，使'老者安之，朋友信之，少者怀之'，颜回所说的才是我的真正愿望啊！"

孔子一行从农山回到馆舍，大家还在议论不休。孔子今天特别高兴，他看到了颜回的仁德之心，也批评了子路的蛮勇，冷落了子贡的巧辩。

子路对先生今天的告诫没有想通，不太心服，他暗想：先生过去曾说过"勇者不惧"，我也是个勇者不惧的人，为什么今天不赞同我的观点呢？

于是他径直地去找孔子，问道："先生，您不是说勇者不惧么，而且还赞誉勇者有坚忍不拔的精神，勇往直前的力量！然而，先生今天在评论弟子的志向时，似乎与您过去的说法矛盾啊！"

孔子说："仲由呀，我说的'勇者不惧'，是有道德标准的。这个标准就是'义'，要依义而行。否则，就会恃勇逞强，给自己、给别人、给社会带来无穷后患！"

子路又问："一个好勇的人就会出现后患吗？"

孔子说："若是一个人血气方刚而不具有仁德，一旦别人对他怨恨，他就会凭自己的勇猛而激发作乱的。"

子路又问："那有仁德的人不是也崇尚勇吗？"

孔子说："一个有道德的人崇尚勇敢的，但崇尚勇敢时却把正义看作头等要紧的事。"

子路在众弟子中是最好勇又好义的，然而偏于意气用事也是一个缺点。

孔子对他这一点非常忧虑，不时予以告诫，今天也是针对子路这个弱点而说的。

孔子见大家再没说话，便笑着说："我的主张如果行不通，只好驾一条独木舟漂流到海外去归隐，到那个时候，恐怕能跟随我的只有子路了！"

子路听到这句话，有点急不可耐的样子。孔子见状指着子路笑着说："子路的武功、勇气都超过我，但是他的脾气也超过我啊！"

子路又问："先生，假使您打仗，您带哪一个？您总不能带颜回吧？他营养不良，体力不够，您总应该带上我吧？"

孔子听了子路的话笑了，他对子路说："你像一只发了疯的老虎一样，站在河边就想跳过去，跳不过也想跳，这样有勇无谋怎么行？像你这种脾气，要打仗绝不带你，要带一定要带能做到'临事而惧，好谋而成'的人，遇事谨慎小心、深谋远虑的人，才能统帅三军啊！"

众弟子听了先生这番教诲，都受益匪浅。

孔子意犹未尽，他接着说："有德者必有言，有言者不必有德。仁才必有勇，勇者不必有仁。"

子路今天也深受启发，暗暗反省过去的鲁莽行为，内心愧疚起来。

孔子看出了他的心思，慈爱地对子路说："仲由呀！你的性格坦诚，敢想敢问，敢于发表自己的见解，先生就是喜欢你这样的人啊！一个道德高尚的人要做到3点，这就是'仁者不忧，智者不惑，勇者不惧'，可称之为'三达德'，你要随时用这3条来要求自己啊！"

子路说："请先生放心，仲由一定这样去做！"

子贡说："这3条不正是先生品德的自我写照吗！"大家都高兴地笑了起来。

孔子以"仁、智、勇"为"三达德"，并以此来教育弟子，使"三达德"成为儒家传统思想的一部分。其中仁是核心，智所以知仁，勇所以行仁，三者形成智、情、意一体的德行。

儒家一贯推崇勇德。孔子把勇作为践履仁德的条件之一，认为勇必须符合于礼义，并能智勇双全。勇德，作为传统道德的基本规范之一，强调的是勇毅力行，是人类社会带有共同性的传统美德。

在我国传统伦理文化中，表达勇的道德品质的概念还有刚、毅等。其内容主要包括体仁能慈、行义循礼、明智善断、临危不惧、知耻力行等。

直观地解释，"勇毅"就是做事有胆量、有勇气、有毅力；"力行"就是身体力行。由此可见，人格的完善，社会的进步，重心不在于言，而在于行。

勇毅与怯懦相对立，也与蛮勇、冒险相区别。勇毅只有从一定的原则和目的出发，即同"义"联系起来，才具有道德价值。

总之，"勇毅力行"是中华民族在践履道德方面所具有的德性和德行，或者说是在道德意志方面所体现的美德。

缪彤自挝感化家人

缪彤，汉朝人，从小父母早亡，留下兄弟四人相依为命。作为长兄，缪彤承担起照顾弟弟们的重担。生活虽然清苦，但是不乏甘甜。家庭的融融暖意，也令大家羡慕不已，兄弟们的和睦赢得了邻里的称赞。

后来各自都娶了妻子，这几个妇女们就要请求均分家产，有好几次有争闹的言语发生。缪彤看着这样的情景，想起兄弟们当年和睦的日子，不禁十分感慨。

为此，缪彤独自关锁门户，在屋中抽打自己，厉声自责道："缪彤啊缪彤，你天天都说要修身谨行，学习先辈的教诲，以求齐整风俗，匡扶正气。可现在连自己的家都不和睦，你辜负了祖宗的教诲，真是不孝啊！"说罢，缪彤便已失声痛哭。

弟弟、弟媳们循着哭声听到长兄的自责，大家惭愧地低下了头，就都在门外叩头、谢罪。

从此以后，缪家又恢复了往日的和乐气氛，家人们不再有隔阂，真正做到兄友弟恭、夫义妇顺，大家团结和睦地一起生活。

孝弟为仁之本

巧言令色

子曰："巧言令色①，鲜②矣仁！"

曾子③曰："吾日三省④吾身：为人谋而不忠乎？与朋友交而不信乎？传不习⑤乎？"

【注释】

①巧言令色：巧和令都是美好的意思，此处应释为装出和颜悦色的样子。

②鲜：少的意思。

③曾子：曾子姓曾，名参，字子舆，生于公元前505年，鲁国人。曾参是孔子的得意门生，以孝子出名。

④三省：检查、察看。三省有几种解释：一是3次检查；二是从3个方面检查；三是多次检查。其实，古代在有动作性的动词前加上数字，表示动作频率高，不必认定为3次。

⑤传不习：传，老师传授给自己。习，与"学而时习之"的"习"字一样，指温习、实习、演习等。

【解释】

孔子说："花言巧语，一副伪善面目的人，这种人的仁心就很少了！"

曾子说："我每天都多次地反省自己：为别人办事有没有尽心竭力？同朋友交往是否诚实？老师传授给我的知识是否复习了呢？"

【故事】

南朝齐国的昏庸国君

南朝鬱林王萧昭业，南齐的第三任皇帝。他的父亲文惠太子是齐武帝的长子，因为身体不好，未登上皇位就病死了。从文惠太子生病到死期间，鬱林王满脸悲伤，大声痛哭，可他一回到自己的房屋就满面欢笑，没有一点儿悲伤的样子。

在文惠太子死前，鬱林王曾让一位巫婆祷告，祈求自己早日登上皇位。等到齐武帝有病的时候，鬱林王又让巫婆日夜祷告上天，求齐武帝早死。

齐武帝病重的时候，鬱林王给自己亲近的妃子写信，在纸的中央写一大"喜"字，周围写着三十六个小"喜"字环绕着。但鬱林王在侍候齐武帝时，却是面容凄惨，泪随声下。齐武帝每提到死，他都泣不成声。齐武帝因此认为鬱林王必然能承担起帝王的重任。

刚刚把齐武帝的尸体装入棺材，鬱林王就把齐武帝的歌伎全部招来，演奏各种乐器。鬱林王当了皇帝后，大小的政务都交给大臣决定，他任意赏赐左右的人，都是一些不得志的小人。等到他被废掉时，国库已经被用空了。

顾炎武的天下兴亡之责

古代儒学"修身、齐家、治国、平天下"思想发展到明末清初，更加强调经世致用。正是基于这样的思想理念，当时的著名思想家顾炎武提出了"天下兴亡,匹夫有责"这一口号。其意义和影响极为深远,成为激励中华民族奋进的精神力量。

顾炎武在《日知录》中,谈到"亡国"与"亡天下"的区别。他说的"亡国",是指改朝换代,一个王朝的灭亡;"亡天下",是指整个国家民族的沦亡。维护一个王朝的政权是君臣者的事,保卫整个国家民族则是全国人民都有责任的大事情。

这句话在人们传习和引用过程中,后被近代维新派代表人物梁启超概括成为"天下兴亡,匹夫有责"。意思是天下大事的兴盛、灭亡,每一个老百姓都有义不容辞的责任。

顾炎武为什么会产生这样的思想?这就得从他的成长和他所处的时代谈起了。

顾炎武诞生于明万历年间的 1613 年。那个时候,由于明代封建王朝衰败,国力削弱。东北女真人领袖努尔哈赤乘机而起,不再接受明代朝廷的统辖,先于 1616 年建立地方性政权,国号大金,史称"后金",后来其子皇太极将"金"改称为"清"。明朝为了同实力不断扩大的后金作战,导致国内矛盾不断加剧。

顾炎武的童年时代,所面临的就是这样一个严峻的社会现实。他从 9 岁起,便不间断地读我国古代的历史名著如《史记》《左传》《战国策》《国语》《资治

通鉴》等，还认真地读了像《孙子》《吴子》一类古人谈军事的书。这对于顾炎武成长后注重经国济世的实学，学术上孜孜于进行新的探索，关心国家大事和民族命运，都有明显的影响。

在 11 岁那年，他的祖父要求他读完《资治通鉴》，并告诫他说："现在有的人图省事，只浏览一下《纲目》之类的书便以为万事皆了了，我认为这是不足取的。"

这番话使顾炎武领悟到，读书做学问是件老老实实的事，必须认真忠实地对待它，以至于后来的他成了一个在学术上很有成就之人。

顾炎武已经是 14 岁的少年了，进入昆山县的官学，取得了秀才的资格。这时的顾炎武在许多同学少年中，交上了一个名叫归庄的好朋友。他们互以名节相砥砺，性情都耿直狷介，不肯随俗浮沉，以致被人称为"归奇顾怪"。

当时这两个年轻人称得上是优秀之才。他们对社会现状有着同样的看法，对当时败坏的社会风气都深恶痛绝，真可说是志同道合。他们还参加了当时江南一带知识分子的进步组织复社，同各地来的读书人一道，既论文又议政，抨击朝廷中的贪官污吏，议论国家大事。

1639 年，27 岁的顾炎武又一次参加了为取得举人资格而进行的考试，仍遭到了失败。13 年的亲身经历，使他深刻地认识到科举制度的危害性。严峻的社会现实，更促使他做出了同科举制度决裂的抉择。此后，他便把全副精力用到挽救社会危机的探索中去。

顾炎武的家中收藏有很多图书，他夜以继日地从这些书籍中去搜集有关农业、水利、赋税、矿产、交通等方面的材料，打算编成一部分量很大的书。这部书虽然因为天下大乱没有能够编写成功，但是，基本材料都完整地保存下来了。

后来，顾炎武把这些重要资料一分为二，其中有关经济资料的汇编叫《天下郡国利病书》，有关地理资料汇编就叫《肇域志》。这两部资料汇编性质的书，内容丰富，史料翔实，直至今天对于我们研究我国古代尤其是明代的经济史和历史地理学，都还具有重要的参考价值。

正当顾炎武把自己的探索日益深入的时候，清军很快进占北京，建立了我国历史上最后一个封建王朝。明亡清兴，改朝换代，面对这样的局面，顾炎武为了实现拯救苍生之志，从1645年至1654年的10年间，一直在大江南北考察。后来又下决心远离家乡到北方去。

东汉王朝的伏波将军马援，早年处于艰难的环境之下，曾在北方边地经营农田和畜牧。马援当时说："丈夫为志，穷且益坚，老当益壮。"这正是顾炎武要效法马援的志向所在。

1657年春天，45岁的顾炎武从南京返回昆山。他将家产全部变卖，同好友归庄等人依依惜别，踏上了到北方去的旅途，经过长途跋涉，来到山东莱州府。在这以后的三四年间，顾炎武逐渐把自己的活动范围扩大到了整个山东、河北、北京，结交不愿为清王朝做官的学者，同他们互励气节，研讨学问。

1658年至1659年之际，顾炎武来到古称燕、代的今河北北部地区，历抵北京、蓟州、山海关、十三陵等地。他在居庸关考察了历代派兵戍守的下口，东望明帝十三陵所在的天寿山，不禁感慨万千，以诗记之：

燕代经过多感慨，不关游子思风烟。

顾炎武不是一个漫无目的的旅行家，他是一个以天下为己任的学者。这种襟怀在所写的另一首五言《秋雨》中反映得十分清楚，诗中写道："生无一锥土，常有四海心。"顾炎武正是要通过在"四海"的实际考察，去探求历史兴亡变迁的原因。

山海关，北依角山，南临渤海，为东北与华北交通的重要关隘。明代以来，这里更是一个军事要塞，明清代兴亡，就是从这里揭开战幕的。顾炎武登临山海雄关，凭栏远望，往事历历在目。

1662年，50岁的顾炎武决定把自己的活动范围扩大至西北去，以便更广泛地求友访学，同时实际地了解那里的国计民生状况。

20多年来，顾炎武刻苦研究古代音韵学的专著《音学五书》，经过历年来反复认真地修改，也已接近完成。从此，他开始了生平最主要的著作《日知录》的撰写。

1664年初，顾炎武结束在山西、陕西的考察，经由北京绕道河南，回到了山东。在山东章丘县大桑家庄，他购置了一份田产，寄居下来。

几年来，在山西、陕西、山东的游历中，顾炎武陆续结交了那里的著名学者傅山、李颙、阎若璩等人。他们与顾炎武志同道合，都成了他晚年最要好的朋友。

顾炎武定居西北，已届垂暮之年，但决心在这里探讨"国家治乱之源，生民根本之计"。十分可贵的是，顾炎武并没有停留在对社会问题的暴露上，而且还进一步提出了许多积极的改革主张。

顾炎武首先把立足点放在发展生产上，这就是他一再强调的"厚民生"。他从西北地区的实际状况出发，主张在这里开垦荒地，而且还亲自经营过垦荒事务。他认为应当在这里发展纺织业，主张"每州县发纺织具一副，令有司依式造成，散给里下"，同时从外地招聘纺织工匠前来传艺。

他从多年的实际调查中，了解到西北是发展矿业和畜牧生产的好地方，他在给自己的学生潘耒的信中，曾经写道：

> 大抵北方开山之利，过于垦荒；畜牧之获，饶于耕耨。使我有泽中千牛羊，则江南不足怀也。

他还认为，要在西北地区发展生产，迫在眉睫的问题就是必须进行赋税征银制的改革，以便减轻西北以及类似的一些落后地区人民的经济负担。他反对赋税不加区别地一律征收白银，主张：

凡州县之不通商者，令尽纳本色，不得已，以其十之三征钱。

顾炎武渊博的历史知识和一生在各地的实际考察，使他不仅把自己的看法写进了《日知录》，而且还专门写了《郡县论》《钱粮论》《生员论》等著名政论文章。这些著作，在我国古代政治思想史上是很值得重视的。

1682 年 2 月 14 日清晨，顾炎武似乎觉得身体好了一些，准备出门去看望几个朋友。但是他没有想到，自己竟连上马的力气也没有了，一失足栽倒在地上，从此便永远起不来了。第二天凌晨，我国历史上的一位杰出的学者和卓越的思想家，静静地离开了人世。

顾炎武作为开创一代学术的文化巨人，他的大量著作是留给后人的一份珍贵的文化遗产，而他提出并积极实践的"天下兴亡，匹夫有责"的主张，影响了一代又一代的仁人志士。

朱柏庐教人修身治家

明末清初对儒学"修身、齐家、治国、平天下"思想的运用，还体现在当时著名的理学家、教育家朱柏庐身上。他在家庭教育方面，提倡尊敬师长，勤俭持家，邻里和睦等，为后人留下了宝贵的遗产。

朱柏庐原名朱用纯，明末清初江苏昆山县人。他自幼致力读书曾考取秀才，志于仕途。后因父亲朱集璜抗清牺牲，他的心灵因此受到了很大震动，

决心要像父亲那样，具有民族气节，决不屈膝事敌，不再求取功名。

朱柏庐上侍奉老母，下抚育弟妹，播迁流离，备极艰辛。待局势稍定，才返故里。他居乡教授学生，潜心研究程朱理学，主张知行并进，躬行实践，一时颇负盛名。曾用精楷手写数十本教材用于教学。

朱柏庐所著《朱子家训》，又名《朱子治家格言》《朱柏庐治家格言》，讲求道德修养、行为规范的准则，劝人勤俭治家，安分守己，宣扬儒家伦理道德。被历代士大夫尊为"治家之经"。

《朱子家训》中运用了很多典故，来阐释如何治家等道德修养方面的道理。比如其中有一句话说道：

宜未雨而绸缪，勿临渴而掘井。

意思是说，凡事先要准备：像没到下雨的时候，要先把房子修补完善，不要"临时抱佛脚"；不要等到口渴了的时候，才来掘井。

"未雨绸缪"，典出先秦时期周公的故事：周成王姬诵继位时尚且年幼，由叔父周公辅政。周公曾经写一首《鸱鸮》诗给周成王，诗的大概意思是：鸱鸮趁天未下雨，急剥桑皮，拌以泥灰，以缚门窗。周公此诗是希望周成王及时制定措施，以止叛乱阴谋。

"临渴掘井"，典出先秦时期晏子的话：

有一次，齐景公问晏子说："如果帮助昭公回到鲁国，他会成为贤明爱民的君王吗？"

晏子回答说："不会如此。掉进水里和迷路的人，原本就不曾去注意路径方向，直至溺水了才知道探水路，迷路了才会向人问路。这就如同国家面临危难时，才急忙去制造兵器，被食物塞住喉咙了，才急着挖井取水来喝，虽然快速行动了，但还是来不及了。"

再如："黎明即起，洒扫庭除。"意思是说，天刚亮就应该起来，打扫厅堂院落。这句家训着眼于"勤"字。早起第一件事为洒扫，目的在于让家中每一个人及外人看到一个整齐清洁、治理有方的家庭的蓬勃生机。所谓小节不矜，大事难成。在尘垢中打滚不以为耻的人，多半是懒出了水平，只知浑浑噩噩地打发时光。

按照儒家的观点来看，"一屋不扫何以扫天下"？这就是说，连自己的院子一块小小地方都管理不好，怎么可能管理好天下呢！

在东汉末年，外戚和宦官把持朝政，打压有才华的官员，很多有识之士被关进牢里。政局混乱，民不聊生。

有一位少年名叫陈藩，从小立有大志，决心长大后为国效力，为天下百姓谋福利。他独自住在一个小院里，每天闭门读书，其他什么都不管，就连自己的庭院和房间都懒得收拾。

有一天，他父亲的好友薛勤来看他。见陈藩住的房间乱七八糟的，薛勤不禁皱起眉头问："年轻人，为什么不把房间打扫干净再接待客人？"

陈藩昂起头，不以为然地回答："男子汉生活在这个世界上，应该以扫除天下为己任，怎么能做打扫房间的小事呢？"

薛勤虽然为陈藩年少却胸怀大志感到敬佩，但他很不赞同不爱整洁的理由，反驳说："一屋不扫何以扫天下？"

陈藩一时无言以对，内心受到强烈的震动。他明白了凡事要从小处做起，懂得了"不积跬步，无以至千里"的道理。

后来，陈藩在朝廷做了官，历任太守、太尉、太傅等职；从政数十年，清正廉明，刚正不阿，赢得了世人的赞誉。

再如："见色而起淫心，报在妻女；匿怨而用暗箭，祸延子孙。"意思是说，看到美貌的女性而起邪心的，将来会报应在自己的妻子儿女身上；怀怨在心而暗中伤害人，将会给自己子孙留下祸根。

春秋战国时期，鲁国有个名叫秋胡的人，娶妻结婚后才5天，他就急着外出求职去了，在陈国谋得了一官半职。眨眼过了5年，秋胡思念家中老母和妻子，就向上司告了假，带着几年来积聚的金银财物，驾车赶路回家。

快到家了，秋胡在路边的桑园里看见有位农家少妇正在采桑。烈日当空，暑气蒸人，只见那女子穿得单薄，背影婀娜多姿，秀色迷人。

秋胡心中顿生邪念，不顾家门就在眼前，急忙下车一边向采桑女走去，一边大声说："大嫂，烈日下采桑多么辛苦，我因赶路也暑热难当，请停下来陪我在这桑荫下歇会儿吧！"

采桑少妇仿佛没有听见他的话，顾自采桑不止。

秋胡走到妇人身后又说："费力种田不如遇上丰年，费力采桑不如遇上大官。我身上带有金银，情愿送给大嫂，怎么样？"

采桑少妇正色道："采桑固然辛苦，养蚕可以纺丝织绢，拿来换取吃穿和日常用度，上可赡养双亲，下可替出门在外的丈夫养育儿子。我才不会接受你的金钱，但愿你心无邪念，收起财物赶路去吧！"秋胡只好悻悻地回家了。

到家后，秋胡把挣来的钱交与母亲，然后询问妻子在哪里。妻子来了后，他发现竟然是刚才被调戏的那位女子！秋胡一时羞愧难当，默然无语。

妻子的愤怒可想而知，她指责秋胡说："你在外做官这么长时间，不是着急回家看望母亲，反而调戏路边妇人，这是不孝、不义；不孝的人，就会对君不忠；不义的人，就会做官不清。不孝不义的人，我没办法和你一起白头偕老。"说完出村往东跑去投河自尽了。

这就是秦汉时期以来广为流传的"秋胡戏妻"的故事。该故事对古代文化艺术的创作产生了重要影响。

《朱子家训》中也有很多句子是立意阐述，直接表明作者自己的观点。比如："一粥一饭，当思来之不易；半丝半缕，恒念物力维艰。"意思是说，吃每一碗粥、每一碗饭时，应该想想这粥饭里有多少人力的付出，多少财物的消耗，真地是来之不易；我们生活所需的每半根丝、每半缕线，都要常常想想其中含几多物质和几多人的心血，应该好好珍惜。

这句话告诫人们养成勤俭节约的美德要从日常生活、穿衣吃饭做起，不要铺张浪费。切莫把日常微小的事物看轻了，从而不知珍惜。要知道每一样东西的背后有多少人的辛勤付出，有多少能源的消耗；桩桩件件来之不易。

古代很多人从小就见长辈们是这样做的，长辈也是这样教孩子的。长辈每天总是早早起床，将屋里连同门前的小院子扫得干干净净，边扫地边教孩子这"黎明即起，洒扫庭除"的道理。

一个人的品行人格往往就是从这些点滴生活小事中培养起来的，这就是《朱子家训》的影响，家庭教育的作用。

《朱子家训》从治家的角度谈了安全、卫生、勤俭、有备、饮食、房田、婚姻、美色、祭祖、读书、教育、财酒、戒性、体恤、谦和、无争、交友、自省、向善、纳税、为官、顺应、安分、积德等诸方面的问题，核心就是要让人成为一个正大光明、知书明理、生活严谨、宽容善良、理想崇高的人，这也是我国传统文化的一贯追求。

《朱子家训》之所以在后世有这么大的影响，除了它集中体现了国人修身齐家的理想与追求，更重要的是它用了一种通俗易懂的语言，容易被广大民众接受。

家训本不是严格意义上的启蒙书，一般多悬于厅堂屋室，以对家庭成员尤其是子弟起警戒的作用。但《朱子家训》影响巨大，脍炙人口，几乎家喻户晓，自然也就成了古代人人必读的启蒙书之一。

曾国藩的修身经世实践

清代儒学强调经世致用，但达到目的首先要修己修身。自古就有立功、立德、立言"三不朽"之说，而真正能够实现者却寥若晨星，曾国藩是其中之一，被誉为"中华千古第一完人"。

曾国藩出生于清代晚期一个地主家庭，自幼勤奋好学，6岁入塾读书。8岁能读八股文、诵"五经"，14岁时能读《周礼》《史记》《文选》，同年参加长沙的童子试，成绩列为优等。1838年进士出身，自此以后供职京师。

如何修身，儒家的伦理哲学提出了根本之法，这就是"诚"。按照儒家修己治人的伦理哲学，修身是齐家、治国、平天下的根本，而"诚"则是修身的根本之法。

曾国藩完全继承了传统文化中关于"诚"的思想，更多地是从功夫论及其与本体论的结合上论及，不仅将其视为一切事务的根本，而且将它作为修身的基本之道。

曾国藩订立"敬、恕、诚、静、勤、润"6字修身养性之法，他认为：

《论语》全解

巧言令色

德成以谨言慎行为要，而敬、恕、诚、静、勤、润六者，缺一不可。

晚年，他检讨自己的一生，说道：

昔年于慎独、居敬等事，全未用功，至今衰老，毫无把握，悔之晚矣。

真正做到守"静"，并非易事。曾国藩很注意培养守"静"功夫。一天，他读《周易》的"大壮"卦，以及彖、大象，认为正与《孟子》中的"养气章"通。但读爻辞无所得，认为是由于"心粗不入"。随后又复读《周易》仍无得。饭后心杂，灯下拟作题图诗，意欲求工，反而不能成一字。

读《周易》无所得，曾国藩反省自己"游思纷至"，同时他又感到守"静"甚难，有时很难克制自己，"不能静坐，只好出门"。

作为一种修身方法，"静"无疑有着积极作用，但这是一种脱离实践的闭门沉思，走向极端也有着流弊。晚年，曾国藩意识到这一点。

巧言令色

他指出，圣贤之言德行者，名类甚多，"苟以一两字切己反求，皆有终身可行之益，但末流之弊，不可不防"。因此，守"静"也有其反面，须预防矫枉过正。

如何在实际生活中修身，儒家提出了克己内省、改过迁善等具体方法，其核心是强调反求诸己，严格反省自己的言行。按照这一修身之道，同时又遵循盈虚交替的天之道，曾国藩时时检查自己的不足之处。他严格按照"慎独"的要求，时时自省改过。

一是戒除不诚和虚伪。诚是修身之本，曾国藩在待人接物中，时常反省自己。

一次，曾国藩与窦兰泉谈，"言理见商"，过后检查自己，"实未能心领其语意，而妄有所陈，自欺欺人，莫此为甚。"其原因，"总由心有不诚，故词气虚憍，即与人谈理，亦是自文浅陋，徇为外人，果能益哉？可恨，可羞！"

又有一次，曾国藩与冯卓怀、陈源兖等谈论"诗文之业亦可因以进德"问题。彼此持论不合，"反复辩诘"，而曾国藩"内有矜气，自是特甚，反疑人不虚心"，过后他反省自己"何明于责人而暗于责己也"？

违背自己所定的戒律，也是不诚的体现。一次曾国藩深夜才归，"违夜不出门之戒"，他因此反省道，"都是空言欺人"。有人曾当面责备曾国藩"伪"，"对人能做几副面孔"，对他触动很深。

曾国藩早年有时好取人悦，言不由衷，事后反省，感到待人缺乏忠信。一天，他与人饮酒，久谈过后也觉不当，"多言不知戒，绝无所谓省察者，志安在耶？耻安在耶？"

二是去其好名之心。名实相符，是"诚其意"的要求，于是，曾国藩时时检查自己的好名之心。一天早上，曾国藩忽然"名心大动，忽思构作一巨篇以震炫举世之耳目"。事后，他痛骂自己"盗贼心术，可丑"！

他每天写自课本，却无改过的实际行动，"日来自治愈疏矣，绝无瑟僩之意"。他责备自己"何贵有此课之册！看来只是好名"。每天做日课，"写此册而不日日改过，则此册直盗名之具也。既不克痛湔旧习，则何必写此册"。

除外，他还反省自己的种种言行，均是好名之心作怪。如有时作"无礼之应酬，勉强从人"，其一半原因"仍从毁誉心起，怕人说我不好"。

直至晚年，曾国藩仍时时反省自己的好名之心。如"焦虑过多，无一日游于坦荡之天"，他自己认为，"总于由名心太切、俗见太重二端"。

三是力戒无恒之弊。立志有恒是克己内省的基本方法，曾国藩非常重视这一点。有一天，曾国藩早上起来吃烟，"口苦舌干，甚觉烟之有损无益，而刻不能离，恶湿居下，深以为恨"。他发誓"从今永禁吃烟，将水烟袋捶碎"。

第二天，曾国藩想到自己已到30岁，颇有感慨，"今一世矣。聪明日减，学业无成，可胜慨哉！"他下定决心，"自今以始，吾其不得自逸矣"。

戒烟后，曾国藩时时警惕，将近一月时，他在日记中写道："吾自戒吃烟，将一月，今差定矣！以后余有三戒：一戒吃烟，二戒妄语，三戒房闼不敬。一日三省，慎之慎之！"

为了约制自己行事有恒，曾国藩立志自新，并时时反省。几十多天后，他检查自己，"未曾改得一过，所谓'三戒'、'两如'及静坐之法，养气之方，都只能知，不能行，写记此册，欲谁欺乎？"因此下定决心，"此后直须彻底荡涤，一丝不放松。从前种种，譬如昨日死，以后种种，譬如今日生"。其后，曾国藩经常处于反复的思想的斗争中，他给自己订立了每天的课程，但第二天即"晏起"。第三天虽早起，接着"又晏起"，"一无所作，又虚度一日"，无以"自解"，仅"浩叹而已"。

其后多为"晏起"，曾国藩心甚不安，但只是"可恨"而已。有几天，

巧言令色

日高三丈，客人已来，曾国藩又晏起，并"无事夜行，心贪嬉游"。他在当天的日记中骂自己到"直不成人"，责问自己"要日课册何用"？为此曾国藩甚为内疚，甚至"寝不成寐"，感到又"虚度一岁"。

经过反复强行约束自己，曾国藩基本上改掉了早上晏起的毛病，很少再犯，每天坚持读书写字，但是有的嗜好却始终难以抑制。

如他的棋瘾颇大，有一天见别人下围棋，便"跃跃欲试，不仅如见猎之喜"。他检查自己"口说自新，心中实全不真切"。有一天，曾国藩又观人围棋，"凡欲攘臂代谋"，过后又骂自己"屡惩屡忘，直不是人"！

经过强行压抑，有些效果，但又忍不住看人下围棋，"嗜之若渴"，过后他又自责"真下品矣"。

没过多久，曾国藩又与人对弈，过后又自责，"明知旷工疲神，而屡蹈之，何以为人！"后来与人下了几局围棋后，头昏眼花，"因戒永不下棋"。甚至立下誓言："如再下棋，永绝书香。"

四是戒除忿气与不敬。曾国藩早年在京时有些偏激，时因小事大发怒气，每次事后他均自我反省。一次，曾国藩与曹西垣、金竺虔等人"语及小故"，"大发忿不可遏，有忘身及亲之忿"。虽经友人理谕，"犹复肆口谩骂，比时绝无忌惮"。

过后，曾国藩反省此事，"每日间总是'忿'字、'欲'字往复，知而不克去，总是此志颓放耳！可恨可耻。"同时，他还虚心接受友人的批评，友人曾当面责备曾国藩"慢"、"自是"等。他听后甚为感佩，谓："直哉，吾友！吾日蹈大恶而不知矣！"

后来，曾国藩总结平忿方法，即"凡遇牢骚欲发之时，则反躬自思：吾果有何不足而蓄此不平之气？猛然内省，决然去之。不惟平心谦抑，可以早得科名，亦且养此和气，可以消减病患"。

出京治军，面临的情况更为复杂，曾国藩尤重视此方面的修养。一次因公愤私忧，"辗转不能去怀"，以致"夜不成寐"。他想到北宋时期哲学家邵雍所谓观物，战国时期思想家庄周所谓观化，北宋时期理学家程颐所谓观天地，感觉自己应该"须放大胸怀，游心物外，乃能绝去一切缴绕郁悒、烦闷不宁之习"。

五是戒除各种私欲。朱熹提出的"存天理，灭人欲"，对士大夫影响很大，成为他们修身养性的戒律，曾国藩亦时时克制自己的各种意欲。他自己默思，"此心需常有满腔生意；杂念憧憧，将何以极力扫却？勉之！"并反省自己"利心已萌"。

一天，他"闻人得别敬，心为之动"。又想起昨天晚上，他"梦人得利，甚觉艳羡"，于是醒后"痛自惩责，谓好利之心至形诸梦寐，何以卑鄙若此"！方欲痛自湔洗，而今天"闻言尚怦然欲动，真可谓下流矣"！

又一次与客人谈话，"闻色而心艳羡"，在当天的日记骂自己"真禽兽矣"。曾国藩下决心与过去决裂，说："余今闷损至此，盖周身皆私意私欲缠扰矣，尚何以自拔哉！立志今年自新，重起炉冶，痛与血战一番。而半月以来，暴弃一至于此，何以为人！何以为子！"

克除私欲是一个艰难的过程，曾国藩在立志自新之后，仍有"患得患失之心"。他"憧憧靡已，强为制之，尚觉扰扰，夜不成寐"，自责"平日所谓知命者，至是何有，真可羞已"。

六是戒除懈怠玩忽之习。在京师那段时间，曾国藩曾一度放松自己，后来他在日记中记下了自己的悔悟，"拟自今以后，每日早起，习寸大字一百，又做应酬字少许；辰后，温经书，有所知则载《茶余偶谈》；日中读史亦载《茶余偶谈》；酉刻至亥刻读集，亦载《茶余偶谈》；或有所作诗文，则灯后不读书，但作文可耳"。

直至晚年，曾国藩仍时时警诫自己。有一天他未写奏折，心中非常不安，在日记中写道："是日应办奏稿，方不误次日发报之期。一念之惰，遂废本

巧言令色

日之常课，又愆奏事之定期。乃知天下百病，生于懒也。"

除上述之外，曾国藩在其他方面也时时反省自己。例如，曾国藩力倡勤俭，也能够身体力行，并且严格要求自己。

曾国藩的一个友人给他打了一把银壶，为炖人参、燕窝之用，用了 8 两多银子。事后曾国藩心中不安，"深为愧悔"。他自己反省说：现在百姓尚食草根，官员也多贫困，而自己身居高位，如此娇奢，深感惭愧，警醒自己"以后当于此等处痛下针砭"。

曾国藩奉行儒家的仁爱之道，这与他平时的修行分不开。一天，曾国藩听说是日，某武臣部拟斩立决，应邀同往西市观看。过后，他对自己"欣然乐从"的举动甚为内疚，反省自己"仁心丧尽，比时悔之而不速返，徘徊良久，始归。旷日荒谬至此，尚得为人乎"？

听取别人的忠告和意见，吸收别人的长处，是传统儒家文化中重要的修身方法。曾国藩吸收了这一修身方法，积极实践"取人为善"，注重获得"诚意"及修身的方法，请师长、亲友、僚属随时规谏自己，并师法古人或今人的贤者。

总之，曾国藩克己唯严，崇尚气节，标榜道德，身体力行，实现了儒家"修身、齐家、治国、平天下"及立功、立德、立言"三不朽"事业，对后世产生了深远影响。

严惩恶道士的神童

纪昀（1724~1805 年），又名纪晓岚，河北献县人，清朝内阁大学士，官居一品。在位期间主编了享有世界声誉的中国文化典籍《四库全书》。

公元 1724 年，纪昀出生在河北献县有名的纪家，从小就勤奋好学，是纪姓大族的小神童。

幼年纪晓岚求学的塾馆同一座道教的庙宇毗邻。那寺庙内的老道士，表面上道貌岸然，实为道德败坏，极为好色之徒，常常偷看漂亮的女人，有时按捺不住，公然盯梢或调戏。在寺庙的墙外，有个大水坑，常年积水，是女人们洗衣裳的好地方。由于这个恶道士品行不端，所以，她们从不敢单独到这里来用水。

有一年大旱，井水枯竭，只有这个大水坑还未干涸，尚有半坑水可供使用，村上的女人们，不得不三五成群地结伙来到坑边洗衣服。纪晓岚上学经过庙宇时，几次发现老道士趴在墙头上，双眼通红，鬼鬼祟祟地朝水坑盯视，于是，他便想出一个好主意，惩治一下这个淫心太盛的恶道士。

一天中午，纪晓岚看见几个妇女又到坑边去洗衣服，随后跟去，悄悄溜进庙门。走到大殿前院的侧屋旁，他用手指蘸唾液，将菱形窗格上敷贴的窗纸一点，化开一个小洞，眼睛凑上去窥看，只见老道士正光着膀子呼呼地睡大觉，床旁的小凳上放着他的道帽。

晓岚便轻轻推开门，蹑手蹑脚地来到小凳前，轻轻拿起道帽，顶在自己头上，然后回身，轻轻带上房门。走到院子里，他搬了几块土坯放在墙头之下，又在墙角捡了几块小石头，脚踩住土坯，刚好能让墙外水坑的女人看到道帽。接着，晓岚将手里的小石子接二连三地朝墙外的水坑方向扔去。

"哎呀呀，哎呀呀，哪个来捣蛋？"

"啊，是老色鬼，老道士！"

"死不要脸的东西！"

一阵吵骂声远远地从墙外传来。原来，晓岚早就计算好距离，均匀准确地用力将石子抛出，那石子竟像长了眼睛，一个个落在水里，溅得妇女们满身满脸都是水。妇女们朝石子投来的方向抬头张望，只见庙宇墙内的道帽一晃一晃，转眼便不见了人影。女人们匆匆忙忙洗好衣服，端起衣盆边骂边走了。

晓岚在庙内闻声判断已经得了手，便急忙跳下土坯，又悄悄推开侧屋门，将道帽放回原处，又从原路走到庙门边。他先从门缝向外张望，见女人们的身影已走远了，便轻捷地跳出来，把庙门虚掩上，飞也似地溜了，躲在竹林里远远地看"戏"。

一会儿，只见妇女们带着村里的男人们浩浩荡荡奔向庙宇，道士哀求饶命的声音很快从远处传来。

老道士经受了一番皮肉之苦后，再也不敢调戏妇女了。

巧言令色

敬事而信

子曰："道①千乘之国，敬事②而信，节用而爱人，使民以时。"子曰："弟子入③则孝，出④则弟，谨而信，泛爱众，而亲仁。行有余力，则以学文。"

【注释】

①道：治理的意思。

②敬事：相当今言"敬业"之意。"敬"字一般用于表示个人的态度，尤其是对待所从事的事务要谨慎专一、兢兢业业。

③入：古代时父子分别住在不同的居处，学习则在外舍。入是指到父亲住处，或说在家。

④出：与"入"相对而言，指外出拜师学习。出则弟，是说要用弟道对待师长，也可泛指年长于自己的人。

【解释】

孔子说："治理一个拥有千辆兵车的国家，应该严谨认真地办理国家大事，并恪守信用，诚实无欺；同时还应节约财政开支，爱护官吏臣僚，百姓服劳役不能误了农时。"

孔子说："弟子们在父母跟前要孝顺父母；出门在外，要遵从兄长，谨慎少言，言而有信，博爱民众，亲近有仁德的人。这样躬行实践之后，若还有精力，就再去学习文化知识。"

【故事】

大禹的爱国爱民精神

古代报国思想准确说应该始于夏代，因为从禹建立了夏王朝以后，人们才有了"国家"的概念。禹在建国过程中所体现出来的爱国爱民精神，成了中华民族精忠报国思想的源头。

那是在帝尧时期，中原洪水为灾，百姓愁苦不堪。鲧受命治理水患，他用堵截的办法治水，用了9年时间，结果洪水未平。舜巡视天下，发现一点成绩也没有，就命鲧的儿子禹继任治水之事。

禹接受任务后，立即与百官商议对策。他亲自翻山越岭，趟河过川，拿着绳墨标杆等工具，进行实地勘察，测度地形的高低，树立规划水道。

禹穿着破烂的衣服，吃粗劣的食物，住简陋的席篷，每天亲自手持耒锸，带头干最苦最累的活。几年下来，他的腿上和胳膊上的汗毛都脱光了，手掌和脚掌结了厚厚的老茧，躯体干枯，脸庞黧黑。老百姓见了无不心痛流泪。至今嵩山一带还流传着许多大禹治水的动人故事。

传说，禹治水时，要在介于太室山和少室山之间的轩辕山打出一条疏洪泄流的通道。为了加快挖山的速度，他化为一头神力无比的大黑熊，连推带扒，很快就把山挖掉了大半。尽管民间传说具有神化色彩，但由此也可见禹为治水患而付出的艰辛和牺牲。

禹为了治水，费尽脑筋，不怕劳苦，从来不敢休息。他路过家门口，听到妻子生产，儿子呱呱坠地的声音，都咬着牙没有进家门。第三次经过的时候，他的儿子启正抱在母亲怀里，他已经懂得叫爸爸，挥动小手，和禹打招呼。禹只是向妻儿挥了挥手，表示自己看到他们了，还是没有停下来。

禹鉴于前辈治水无功主要是没有根据水流规律因势利导，而只采用筑堤截堵的办法，一旦洪水冲垮堤坝便前功尽弃的教训，大胆改用疏导和堰塞相结合的新办法。这就是顺天地自然，高的培土，低的疏浚，成沟河，除壅塞，开山凿渠，疏通水道。

经过13年的努力，禹带领人们开辟了无数的山，疏浚了无数的河，修筑了无数的堤坝，使天下的河川都流向大海，终于治水成功，根治了水患。

洪水刚刚退去，一块块平原露出水面，他带领人们在田间修起条条沟渠，引水灌溉，种植粟、黍、豆、麻等农作物，还教人们在地势低洼的地方种植水稻，使农业生产也取得了进步。

禹勤奋地为万民谋利，在天下的威望达到顶点。万民称颂说："如果没有禹，我们早就变成鱼鳖了，也早就饿死了！"

帝舜称赞禹，正式禅位于禹。禹在诸侯的拥戴下，以安邑为都城，国号夏。当了部落联盟首领的禹更加热爱自己的国家，为夏王朝的长远发展制订了许多新措施。

禹曾在治水的过程中走遍天下，对各地的地形、习俗、物产都了如指掌。

于是，他把全国分为 9 个州，即冀州、兖州、青州、徐州、扬州、荆州、豫州、梁州和雍州。

禹还规定了五服制：帝畿以外五百里的地区叫"甸服"，再外五百里叫"侯服"，再外五百里叫"绥服"，再外五百里叫"要服"，最外五百里叫"荒服"。甸、侯、绥三服，进纳不同的物品或负担不同的劳务。要服，不纳物服役，只要求接受管教，遵守法制政令。荒服，则根据其习俗进行管理，不强制推行政教。

禹为了管理国家还到南方巡视，在涂山约请诸侯相会。涂山位于现在的安徽蚌埠市西。为纪念这次涂山盛会，把各方诸侯部落酋长们送来的青铜铸成九鼎，象征统一天下九州，成为夏王朝之象征。

禹还在视察少数民族地区时，沿途向当地人询问习俗，鼓励农耕，告其农时，播种五谷，教育部族酋长们讲礼仪，知法度，不以强凌弱，和睦相处。同时又宣布，若有不听教化者，要以兵征讨，决不客气。

禹关心百姓的疾苦。他看见穷人把孩子卖了，就把孩子赎了回来；见到有的百姓没有吃的，就让随从把仅有的粮食分给百姓。

有一次，他出门看见一个罪人，竟下车问候并哭了起来。随从说："罪人干了坏事，你何必可怜他！"

禹说："尧舜的时候，人们都和尧舜同心同德。现在我当天子，人心却各不相同，我怎能不痛心？"

禹成功治水，建立夏王朝，热爱自己的国家，爱戴天下万民。对于大禹的爱国爱民精神，后人总结出以下几个方面：

一是公而忘私、勤政为民的奉献精神。大禹受命统率全国治水事务，始终以为民造福为己任。大禹 13 年在外，三过家门而不入，是公而忘私执政为民的代名词。

二是革故鼎新、务实求真的科学精神。禹认真总结前人治水教训，组织了全国性的大地测量，精研山水地理，虚心学习各地治水经验，终于提出了改革古道、因势利导的治水方略。

三是艰苦奋斗、坚韧不拔的创业精神。大禹为了治水伟业，吃粗茶淡饭，穿破旧衣服，住简陋房屋。正是他这种身先士卒、艰苦奋斗、坚韧不拔的创业精神，成就了我国历史上第一个人类战胜自然的典范。

四是和谐发展、依法治国的民本精神。大禹在带领人民治理洪患的艰苦历程中，最广泛地接触了人民，最深切地了解了民情，最真切地感受到了人民群众的伟大力量，形成了以"敬民、养民、教民、护民"为主要内容的"民本"思想。

五是谦虚谨慎、廉洁奉公的自律精神。舜评价大禹说："成治水之功，行声教之言，成就最大。勤劳于国，尽力沟洫；节俭于家，卑宫菲食。谦恭而不自满，可谓贤才之最。备受赞美而不骄，天下无人敢与之争能；不尚征伐而战绩斐然，天下无人能与争功。"

大禹的爱国爱民精神是中华民族的宝贵财富，几千年来，不断被炎黄子孙发扬光大，使大禹精神超越了时代的界限，升华为整个中华民族的精神。

伊尹的济难报国之志

大禹建立的夏王朝到了桀期间，由于夏桀昏庸傲慢，不得民心，那些受尽欺压的平民百姓指着太阳咒骂他："你几时灭亡，我们情愿跟你一道灭亡！"桀的大臣们也都盼望夏朝早点灭亡。

这些都被汤看在眼里。汤又叫"太乙"，他是夏王朝在黄河下游的一个属国商国的首领。汤见夏桀腐败残暴，就决心与他争夺天下。

汤一天到晚总考虑怎样推翻桀的计划，一日三餐，马马虎虎，并不留心饭菜质量怎么样。这种情况，早被细心的厨师伊尹看到了。

伊尹出身低微，养父是有莘国厨师。伊尹聪明好学，很有才干，终于学得一身好手艺成为一位名厨。伊尹的烹饪技术十分高超，尤其是擅长精制味美的汤，达到了出神入化的境界，名传四方。

喜爱喝汤的商汤听说后，就派人向伊尹的主人莘氏索要伊尹，遭到了拒绝。商汤不死心，为得到伊尹，不惜向莘国公主求婚，以迎娶不美貌的公主为代价。莘氏答应了，而且让伊尹做女儿的陪嫁物。

伊尹佩服有大志的人，他听说汤有远大志向，高兴坏了，立刻背着烹调用的"玉鼎"和"砧板"跟着去了。从这时起，伊尹就已经不再满足于为国君做那可口的饭菜与酒肴，他更有一颗在政治上的忠君报国之心。

事实上，在伊尹的心目中，经常考虑的是整个国家普天之下的人民的生存状况及命运问题，他认为在商汤管理的范围内，只要还有一个男子或是妇女，没有受到尧舜之道的恩泽的话，就如自己把他们推进沟壑中一样。他把

天下个别人的疾苦，视为整个国家人民的疾苦，把天下人民的灾难，视为自己没有尽到拯救的责任。

正因为伊尹有如此广阔的胸襟，强烈的济天下之难的责任心，所以才建议汤踏上了伐夏救民，灭夏兴商的革命大道，而他本人也投身于这场壮丽的事业中。

伊尹知道汤总是惦记着推

翻桀的大事。他看在眼里，急在心上，总想找个机会和汤谈一谈自己对这事的看法。于是想出了一个办法来吸引汤的注意，这一次故意把饭菜做得特别咸，下一次又故意不放盐。

汤感到饭菜不顺口，不对味，就叫过伊尹说："你最近做的菜，不是咸，就是淡，是为什么呢？"

伊尹说："大王，这是我在试探您还知道滋味不知道。从今天起，我一定把饭菜做好。不然，大王杀我的头！"

从那以后，伊尹做的饭菜咸淡适度香甜可口，味道很合汤的胃口。汤非常满意，又把伊尹找来说："看来，你的进步很大，做菜的本事果然不凡。"

伊尹连忙借题发挥，有所指地说："大王，这并没有什么值得夸奖的。菜不能太咸，也不能太淡，只要把佐料搭配好，吃起来自然有味儿。这和您治理国家是一个道理，既不能无所作为，也不能急于求成。只有掌握好分寸关节，才能把事情办好。"

汤听了连连点头，心想："谁能知道，在我的厨房里竟有这样一位难得的人才！"于是，汤立即宣布解除伊尹的奴隶身份，让他做了大臣。

伊尹心怀感激地对汤说："大丈夫生于天地之间，济世安民，忠君报国，乃是男儿所为。"

从此以后，伊尹尽心尽力为汤出谋划策，逐渐成为汤的主要助手。有一天，伊尹向汤建议，鉴于夏桀昏庸残暴，不要再向夏送贡品了。同时，他还建议汤控制一些小国，使他们归附汤。汤采纳了这一计划。

桀不甘心自己的势力范围缩小，就以商国没有进贡为借口，联合起九夷族的力量，气势汹汹地讨伐商国。汤听到这个消息，对伊尹说："现在桀找上门来打仗，我们打还是不打呢？"

伊尹沉思了片刻，然后说："桀这次集中了九夷族的兵力，说明他还有一些战斗力，我看不如避其锋芒，先恢复向夏进贡等以后有机会再说。"

汤立刻派人把贡品送到桀的军营。

桀见了堆积如山的财宝，十分得意，笑着对手下人说："看来，汤还是怕我的呀！"于是，桀带着贡品满载而归收兵回国了。

第二年，商国又不向夏进贡了。桀暴跳如雷，发号施令，集合本国一些军队，觉得不一定能打败商汤，于是想再次召集九夷族一起去讨伐商国。可是，九夷族也逐渐看到了夏桀的种种昏庸表现，已经不愿意为夏朝出兵卖命了。

这时，在夏桀的附属国中，真正能听桀调遣的只剩下昆吾国这一个了。伊尹与商汤分析了这一形势。汤对大臣们说："服从桀的人越来越少，我们只要打败他的最后一个帮手昆吾国，夏亡的日子就不远了。"于是，汤和伊尹率领商国军队北上，迅速打败了昆吾国，消灭了桀的最后一支外围力量。

桀恼羞成怒，带兵倾巢出动与汤决战。商军以逸待劳，早已等候在鸣条这个地方。

伊尹和汤鼓励将士们奋勇杀敌，振奋精神。汤传下法令说："桀做尽了坏事，我们要去讨伐他，大家要听从命令。对杀敌立功的，我要给予重赏，决不食言；对不服从命令的，我也绝不客气！"

将士们下定死战的决心。交战这一天，天刚亮商军就冲了过去，势不可挡，将士们非常勇猛。夏桀的队伍有一部分赶紧逃命，大多数投降了商军。汤乘胜追击，把夏桀赶进安徽南巢山中。夏桀困于山中，由于没有援兵，当地的百姓也痛恨他，最后饿死在南巢山里。

汤率领军队攻入了夏朝的国部，夏灭亡了，汤建立了商王朝，并定都于亳，成为我国历史上第二个王朝。商汤废除了夏的政令，并作《汤诰》告诫诸侯要敬畏上天，修行德政，为民谋利。

伊尹作战勇敢，智慧超群，为汤开国创业立下不少功劳，他由一名当厨师的奴隶，一直成为辅助国君的大臣，后来当上了右丞相。因此，伊尹深受国王的赏识和人民的爱戴。

胸怀报国之心的伊尹不仅辅佐成王开创了商王朝，后来又辅佐成汤的儿子外丙、仲壬和成汤之孙太甲，为三朝功臣，他主持建造了偃师商城，规范了甲骨文，提出"以德治国"、"任人唯贤"等立国大计，被历代尊为贤相，称"中华第一名相"。

齐襄公失信于人致死

春秋时期，齐襄公还是太子的时候，就与公孙无知争斗。襄公即位之后便降低了无知的俸禄和等级，无知对此十分怨恨，发誓将来一定要报仇。

齐襄公派连称和管至父二人去驻守葵丘（今河南兰考县东），约定第二年瓜熟的时候就派人去替换他们。等时候到了，襄公却没有派人去替换。因此二人非常生气，就决定和公孙无知联合策划叛乱。

公元前686年，襄公在沛丘打猎时受到惊吓，回去后把一个叫茀的人鞭打了三百下，并赶出了宫殿。

无知、连称、管至父等人听说襄公受伤，就带兵来攻袭襄公。正遇到茀，茀虽然刚受了襄公的鞭打，但依然十分忠心，他欺骗无知说自己先进去打探消息。谁知茀入宫之后，就把无知等人叛乱的事告诉了襄公，襄公情急之下就藏在了屋门后。

无知等人在外面等了很久，见没有消息，就冲进宫去，结果却遭到袭击，伤亡惨重。

无知四处寻找襄公，忽然有人见屋门下露着人脚，打开门一看，果然是襄公，二话没说，无知就一刀把他给捅死了。襄公死后，公孙无知自立为齐国的国君。

一身正气的小才子

张居正，湖广江陵人，明神宗时的丞相。

张居正出生在明朝中叶的湖广江陵，从小聪颖好学，且一身正气。一日，在湖广江陵府城外的一条大道上，几个五六岁的儿童抬着用一把竹椅做成的"轿子"，在路上玩耍。"轿"上坐着一位眉清目秀的长脸小男孩，他就是张居正。张居正不停地指挥着抬"轿"和保"驾"的孩子们，俨然一副当"官"的派头。孩子们一颠一颠地抬"轿"，"保驾"之人口中不断地向"张老爷"汇报情况。孩子们玩得兴趣正浓，忽听前面响起了锣声，知道有大官要从此经过。

其中一个孩子喊道："张居正！"

"哎，大胆！怎敢喊起老爷我的名字来了？"张居正正色道。

"哎，哎，假张老爷，别闹了，快让路！"那个孩子有些胆怯。

张居正慢腾腾地说："什么事呀？"

另一个孩子说："你没听见锣声吗？那是府台大人来啦！那才是真老爷呢！"

"快！快下来让路吧！"孩子们有些惊慌。

张居正笑着说："哎，看把你们吓得！别害怕，不许跑！他们抬的是老爷，你们抬的也是老爷呀。"

"咳！别闹了，他们抬的是真老爷，我们抬的是假老爷呀！"一个孩子说。

张居正满不在乎地说："什么真的假的，我倒要看看这真老爷有多大能耐！不要跑！别动！"

锣声越来越近。开道衙役走过来，大声地喊道："回避！让道！"

衙役看这几个小孩没有动，便大声说："老爷来了，还不赶快让道！"

一个孩子上前嬉笑着说："我们这也有老爷呀。"

衙役抬头望了望竹椅上端坐着的张居正，捂嘴扑哧一笑，说："别胡闹了，惹老爷生气，要打板子的。快快让路。"

张居正从椅子上站起来说："他是官，我也是官，他为什么不能让道与我呢？"

这时，府台大人走出轿子，笑着对张居正说："你知道我是什么官吗？"

张居正说："我当然知道，你不就是江陵府台吗？"

府台大人说："对啦！"

张居正一本正经地问府台大人："可你知道我是什么官吗？"

府台大人笑了笑说："不知道。"

张居正得意地说："我当的是管官的官。"

府台大人听了很有意思，说："照这么说，你的官比我的官还大，是吧？"

张居正回答："是呀！"

这时，府台大人觉得这个孩子不一般，便想考考他，于是说："那么这样吧！我出副对联你来对，你若对着了，我就绕道而行；你若对不出，你就给我回避让路，行吗？"

张居正说："行！"

府台大人出了上联，吟着："大老爷，八抬轿，顶天立地。"

张居正不假思索，顺口答道："小学生，一支笔，定国安邦。"

府台大人一听非常高兴，连称"小才子，小才子"，令衙役绕道而行。

贤贤易色

子夏①曰："贤贤②易③色，事父母，能竭其力；事君，能致其身④；与朋友交，言而有信。虽曰未学，吾必谓之学矣。"

子曰："君子不重则不威，学则不固。主忠信，无⑤友不如己者，过⑥则勿惮⑦改。"

【注释】

①子夏：姓卜，名商，字子夏，孔子的学生，比孔子小44岁，生于公元前507年。孔子死后，他在魏国宣传孔子的思想主张。

②贤贤：第一个"贤"字作动词用，尊重的意思。贤贤即尊重贤者，此处引申为尊重妻子。

③易：有两种解释：一是改变的意思；二是轻视的意思。

④致其身：致，意为"献纳""尽力"。这是说把生命奉献给君主。

⑤无：通"毋"，不要的意思。

⑥过：过错、过失。

⑦惮：害怕、畏惧。

【解释】

子夏说："一个人能够尊重贤者，看重其品质，而不看重其相貌；侍奉父母，能够竭尽全力；服侍君主，能够献出自己的生命；同朋友交往，说话诚实恪守信用。这样的人，尽管他自己说没有学习过，我一定说他已经学习过了。"

孔子说："君子，不庄重就没有威严；学习可以使人不闭塞；要以忠信为主，不要同与自己不同道的人交朋友；有了过错，就不要怕改正。"

【故事】

功追大禹的水工李冰

公元前 316 年，秦国吞并蜀国。那时的蜀国，年年非涝即旱，有"泽国"、"赤盆"之称。秦为了将蜀地建成重要的基地，决定彻底治理岷江水患，同时派精通治水的李冰任蜀郡太守。

李冰做蜀郡太守的时间没有明文记载，大约在公元前 277 年至前 250 年之间。他最初到蜀郡时，亲眼看到岷江给当地带来的严重灾难。岷江发源于成都平原北部的岷山，沿江两岸山高谷深，水流湍急。

岷江到灌县附近，进入一马平川，水势浩大，往往冲决堤岸，泛滥成灾，而从上游挟带来的大量泥沙也容易淤积在这里，抬高河床，加剧水患。特别是在灌县城西南面，有一座玉垒山，阻碍江水东流，每年夏秋洪水季节，常造成东旱西涝。

李冰到任不久，便开始着手进行大规模的治水工作。他和他的儿子二郎沿岷江进行实地考察，了解水情、地势等情况，制订了治理岷江的规划方案，并开始实施。

修建"宝瓶口"：李冰父子邀集了许多有治水经验的农民，对地形和水情做了实地勘察，决心凿穿玉垒山引水。由于当时还未发明火药，李冰便以火烧石，再浇冷水，使岩石爆裂，终于在玉垒山凿出了一个宽20米，高40米，长80米的山口。因其形状酷似瓶口，故取名"宝瓶口"，把开凿玉垒山分离的石堆叫"离堆"。

李冰之所以要修宝瓶口，是因为只有打通玉垒山，使岷江水能够畅通流向东边，才可以减少西边的江水的流量，使西边的江水不再泛滥，同时也能解除东边地区的干旱，使滔滔江水流入旱区，灌溉那里的良田。

这是治水患的关键环节，也是都江堰工程的第一步。修建"分水鱼嘴"：宝瓶口引水工程完成后，虽然起到了分流和灌溉的作用，但因江东地势较高，江水难以流入宝瓶口。为了使岷江水能够顺利东流且保持一定的流量，并充分发挥宝瓶口的分洪和灌溉作用，李冰在开凿完宝瓶口以后，又决定在岷江中修筑分水堰，将江水分为两支：一支顺江而下；另一支被迫流入宝瓶口。由于分水堰前端的形状好像一条鱼的头部，所以被称为"鱼嘴"。

鱼嘴的建成将上游奔流的江水一分为二：西边称外江，沿岷江河床顺流而下；东边称为内江，它流入宝瓶口。由于内江窄而深，外江宽而浅，这样枯水季节水位较低，则60%的江水流入河床低的内江，保证了成都平原的生产生活用水。

而当洪水来临，由于水位较高，于是大部分江水从江面较宽的外江排走，这种自动分配内外江水量的设计就是所谓的"四六分水"。

修建"飞沙堰"：为了进一步控制流入宝瓶口的水量，起到分洪和减灾的作用，防止灌溉区的水量忽大忽小、不能保持稳定的情况，李冰又在鱼嘴分水堤的尾部，靠着宝瓶口的地方，修建了分洪用的平水槽和"飞沙堰"溢洪道，以保证内江无灾害。溢洪道前修有弯道，江水形成环流，江水超过堰顶时洪水中夹带的泥石便流入到外江，这样便不会淤塞内江和宝瓶口水道，故取名"飞沙堰"。

飞沙堰采用竹笼装卵石的办法堆筑，堰顶做到比较合适的高度，起一种调节水量的作用。当内江水位过高的时候，洪水就经由平水槽漫过飞沙堰流入外江，使得进入宝瓶口的水量不致太大，保障内江灌溉区免遭水灾。

同时，漫过飞沙堰流入外江的水流产生了漩涡，由于离心作用，泥沙甚至是巨石都会被抛过飞沙堰，因此还可以有效地减少泥沙在宝瓶口周围的沉积。

为了观测和控制内江水量，李冰又雕刻了 3 个石桩人像，放于水中，以"枯水不淹足，洪水不过肩"来确定水位。还凿制石马置于江心，以此作为每年最小水量时淘滩的标准。

李冰克服重重困难建成的都江堰，之所以能够历经 2000 多年依然能够发挥重要作用，关键在于后世制定了合理有效的岁修制度。古代竹笼结构的堰体在岷江急流冲击之下并不稳固，而且内江河道尽管有排沙机制但仍不能避免淤积。因此需要定期对都江堰进行整修，以使其有效运作。

汉灵帝时设置"都水掾"和"都水长"负责维护堰首工程。蜀汉时，诸葛亮设堰官，并"征丁千百人主护"。此后各朝，以堰首所在地的县令为主管。

宋朝时，制定了施行至今的岁修制度，即在每年冬春枯水、农闲时断流岁修的制度，称为"穿淘"。岁修时修整堰体，深淘河道。淘滩深度以挖到埋设在滩底的石马为准，堰体高度以与对岸岩壁上刻的水标相齐为准。

明代以来，使用卧铁代替石马作为淘滩深度的标志，现存 3 根 3 米多长的卧铁，位于宝瓶口的左岸边，分别铸造于明万历年间、清同治年间和1927 年。

李冰在任蜀郡太守期间，还对蜀地其他经济建设做出了贡献。李冰在今宜宾、乐山境开凿滩险，疏通航道，修建了今崇州市西河、邛崃南河、石亭江、绵远河等灌溉和航运工程。这一切均说明李冰是一位颇有建树的水利工程专家。

李冰还成功地开广都盐井，即现在的成都双流盐井。在此之前，蜀地盐开采处于非常原始的状态，多依赖天然咸泉、咸石。李冰创造凿井汲卤煮盐法，结束了巴蜀盐业生产的原始状况。这也是我国史籍所载最早的凿井煮盐的记录。

李冰还在成都修了石牛门的市桥、南渡流的万里桥、郫江西的永平桥等7座桥，这些便民设施，极大地改善了当地人的生活。

李冰所做的这一切，尤其是都江堰水利工程，对蜀地社会产生了深远的影响。都江堰的修成，不仅解决了岷江泛滥成灾的问题，而且从内江下来的水还可以灌溉10多个县，灌溉面积达300多万亩。从此，成都平原成为"沃野千里"的富庶之地，获得"天府之国"的美称。

李冰为蜀地的发展做出了不可磨灭的贡献，人们永远怀念他。明代阮朝东撰的《新作蜀守李公祠碑》说："禹之泽在天下，冰之泽在蜀。蜀人思冰，不异于思禹也。"2000多年来，四川人民把李冰尊为"川主"。

樊於期舍生守信誉

樊於期是战国时期秦国人，是秦国的大臣。当时秦国的国君就是后来的秦始皇——嬴政。

嬴政的父亲嬴异人，年轻时在赵国做人质。后来在赵国的一个名叫吕不韦的商人的帮助下，嬴异人回到秦国，做了国君，并立嬴政为太子，封吕不韦为丞相。

嬴异人死后，嬴政继位当了国君。樊无期深知嬴政的为人，感到凶多吉少，就跑到燕国。

后来，嬴政让燕国交出樊於期的人头，不然就攻打燕国。樊於期知道后找荆轲献出自己的人头，他在死前，对荆轲说："你要是见到秦王，告诉他，后宫的秘密我对谁也没有说。"

后来荆轲刺杀秦王失败，在临死前对嬴政说："樊无期让我告诉你，后宫的秘密他对谁也没有说。"

秦王听了之后，非常震惊，后悔当初不应该迫害樊无期这样一个正人君子。

晏子维护国家的尊严

春秋时期，正经历着我国历史上的第一次重大变革，不仅出现了孔子那样的思想大家，也有像晏子这样维护国家尊严的政治家和外交家。

晏子，是春秋时期齐国的相国。当时的齐国早已不是管仲为相时的齐桓公时代，中原霸主的地位早已易位，国势日渐衰微。在这种情况下，齐国外交就显得更加艰难，也变得更为重要了。

晏子不仅德行出众，而且头脑机敏，能言善辩。作为国王的主要助手，他曾经多次地出使他国，在外交过程中，有理有节，进退有度，每次都出色地完成了使命，充分表现出了维护国家尊严的忠诚与能力。

有一次，晏子奉命出使楚国，楚王听说后，就对左右人说："晏子是齐国最能言善道之人，现在他要来，寡人欲羞辱他一番，该如何做呢？"

于是，左右之人献计种种。

待到晏子如期出使楚国，到了城门口时，楚人想要嘲笑他身材矮小，因此故意不开正门，而是在正门旁开了个小门来迎接他。

在古时，家居院落等建筑会在正门旁的墙根开个小门或留一小洞，方便狗出入。

贤贤易色

晏子若从小门进的话，正中楚人之奸计，无疑是受辱；若从城门进，必须找到一个理由，否则便显得无能，也是受辱。楚人就是这样给晏子出了一个两难之题。晏子一眼就看出了楚人的意图，毅然拒绝从小门入。并机智地抛出了这样一个推论，一下就解开了两难之题。

晏子对着迎接的官员说道："只有出使狗国者，才从狗门而入；而今我晏子出使楚国，不当由此门而入。"

晏子这一推论明确告诉楚人：从小门入，我晏子一人受辱，可楚人你则要付出整个楚国受侮辱的代价；你楚人不愿付出受辱的代价，则我晏子就当从城门入。你楚人就看着办吧！

迎宾官员一听，脸色发红，却无言以对，只得打开城门，请晏子从大门堂堂正正进入。在第一个回合中，晏子取得了胜利。

晏子进入朝门，楚国几十员大臣等候着。楚国治理城郊的郊尹斗成然首先发话："听说齐国在姜公封国时，强于秦、楚，货通鲁、卫，而自从桓公

之后，屡遭宋、晋侵犯，朝晋暮楚，齐君臣四处奔波臣服于诸侯。但凭景公之志、晏子之贤，并不比桓公、管仲差呀，这是为什么？"

晏子说："兴败强衰，乃国之规律，自楚庄王后，楚国不是也屡次遭到晋、吴两国的打击吗？我们的国君识时务，与诸侯平等交往，怎么是臣服呢。你的父辈作为楚国的名臣，不也是这么做的吗，难道你不是他们的后代？"斗成然羞愧而退。

楚大臣阳丐上前一步说："听说你很善于随机应变、左右逢源，然而，齐国遭遇崔庆之难，齐多少忠臣志士为讨伐两人而献出生命，你作为老臣，既不能讨贼，又不能退位，更不能以死相拼，你留在朝廷还有何用？"

晏子说："抱大志者，不拘小节；庄公之死有他自身的错误。我之所以留身于朝中，是要扶助新君立国、强国之志，而非贪图个人的性命。如果老臣们都死了，谁来辅佐君王呢？"

阳丐自知无趣退下。

楚右尹郑丹上前逼问："你说得太夸耀，崔庆之难的重大事件，你只是隔岸观火，并不见你有什么奇谋？"

晏子答："你只知其一，不知其二，崔庆结盟，我未干预；四族之难，我正在保全君王，这正是宜柔宜刚，怎么说是旁观呢？"郑无话可答。

楚太宰启疆闪出发问："你贵为相国，理当美服饰、盛车马，以彰显齐国的荣盛。你怎么骑着瘦弱的马、穿着破旧来呢，还听说你这件狐裘，已经穿了30年了，你是不是太吝啬了。"

晏子笑答："你太见小了，我自从居相位来，父辈有衣裘、母辈有肉食、妻族无饥荒，同时，依靠我救助的还有70多家。我个人虽然节俭，而富于三族、解除群士之难，这不是更显示出君王的德正吗？"

启疆叹服。

楚王车右，囊瓦指问："我听说君王将相，都是魁梧俊美之相，因而能立功当代、留名后人。而你身不满 5 尺，力不能胜一鸡，你不觉得羞愧？"

晏子坦然自若地回答："秤砣虽小，能压千斤；舟桨空长，终为水役。侨如长身而被鲁国所杀，南宫万绝力却死于宋国，你自以为高大，还不是只能为楚王御马吗？我虽然不才，但能独当一面，忠心为国效犬马之力。"

囊瓦羞愧难当。

楚大夫伍举见大家难当晏子，忙解围说："晏子天下奇才，你们怎么能跟他较劲呢？算了算了，楚王等着召见呢！"

晏子觐见楚王后，却又面临着"话难听"这一关。楚王为之设宴赐酒。坐定后，楚王故意问晏子："难道齐国没有人了吗？怎么派你当使者呢？"

楚王仗着"势"大气粗，完全不把晏子放在眼里，更不把晏子当人看。明明活生生的人一个出现在楚王面前，可楚王他口出难言"齐国没有人了"，简直是目中无"晏子"！

晏子作礼答道："齐国的临淄城有 750 百户，人人张袖可成荫，挥汗可成雨，行人来往川流不息，站立时必须并肩接踵，怎么会没有人呢？"

晏子有意误解楚王之意，而楚王仍不善罢甘休，又再次质问晏子："那为什么要派你出使呢？"意欲置晏子于难堪之中而后快。

面对质问，晏子机智地予以了反击。他答道："齐国派遣使者，各有所出使的对象，贤者出使于贤君，不贤者出使于不贤之君。晏子最为不肖，故最适合出使楚国。"

晏子假因溯果，先说齐王选派使臣的原则是各有所用，人尽其才。齐王的这一原则显然是出自晏子的机智假设。然后，他再说自己是最不肖者，有意贬低自己，说不肖的晏子我就只配出使到最不肖的君王的楚国了。

晏子的这番回答，其实是接连套用了这样的逻辑：大前提是，凡是无才无能之人，就只配出使无才能的君王的国家；小前提是，我晏子是最不肖的人，故只配出使到最无才能的君王的国家；结论是，既然我晏子出使的是楚国，那楚国的君王就是最无才能的君王了。

晏子就是这样轻而易举地把楚王贬折了一番，使得楚王哑巴吃黄连，有苦说不出，只好无言以对。于是笑着赐晏子酒。

这时，楚王还不善罢甘休，他还有另外的计策。待饮酒尽兴时，恰好有两个小臣绑一人从殿前经过，经过楚王面前，楚王问道："绑住的人怎么了？所犯何罪？"

臣子答道："是齐国人，所犯是盗窃之罪。"

楚王又看着晏子，说道："难道齐人生性喜欢偷窃的吗？"

晏子离席而起回答楚王："晏子听说，橘子生在淮南为橘，其味甜美，若生长在淮北就变成枳，酸小涩苦，其叶虽似，但果实味道却不相同。为何会如此呢？实是水土不同的缘故啊。如今人民生活在齐国不偷窃，来到楚国却偷窃，这难道是楚国的水土使他发生了变化吗？"

楚王见无论如何都羞辱不到晏子，反让自己感到羞愧，于是笑着说道："圣人真是不可加以戏弄的啊，寡人欲让您受辱，反而自取其辱了。"

楚王依据事先的谋划，与"两个小臣"同唱双簧戏，暗中将晏子推入他们预计的陷阱中。殊不知，晏子灵机闪现，一个犀利的橘、枳类比，反将楚王推进了他们自设的陷阱中。楚王又一次聪明反被聪明误的自取受辱，落得自我难堪的境地。

晏子出使楚国，楚王却想借机羞辱晏子，面对这种种困境，晏子竟能游刃有余，不仅自身不受辱，也保护了齐国的国威，还巧妙地使对方自感羞愧，有力地维护了国家的尊严，真可谓是不辱使命。

晏子就是这样聪明机智，既不辱使命，楚国和齐国的百姓、大臣、诸侯、君王都敬重他的人品和才华。

赵武灵王立志兴国

在春秋战国时期诸侯争霸的形势下，涌现出很多立志报国的仁人志士，这既是时代的要求，更使报国精神得到了充分体现。赵武灵王就是一个典型。

赵武灵王是战国时期赵国国君，他 15 岁即位时，赵国已有一百多年历史了。在当时，作为"战国七雄"之一的赵国，其疆域仅次于秦国，名列第二，但四周强邻环伺，群雄争锋，形势极为严峻。

公元前 318 年，韩、赵、魏三国联合攻秦国，反被秦国打败，赵国损失惨重。同年齐国又在观泽这个地方大败赵军；两年后，秦军又夺了赵国的中都和西阳。正是在这种外患频仍，国势日衰，存亡危机日重一日的时刻，年少国君赵武灵王的雄心未减，更激发起了他的强军兴国之志。

赵武灵王一方面重用先王的大臣肥义、楼缓等，起用新锐人物许钧、牛剪、赵希等，以实施人才兴国战略；另一方面，减税省刑，与民休息，发展农业生产，增强国力，积极为光复先王的功业，恢复赵国的霸主地位做物质准备。

有了一定的人力和财力基础之后，赵武灵王和大臣们商议。他征求大臣们的意见说："胡人没有我们人多，兵器没有我们的好，武艺也不如我们的将士高强，可为什么我们总打不败他们呢？"

边关守将告诉赵武灵王："胡人身穿短衣，袖口又窄又紧。他们是游牧民族，从小都是在马背上长大的，骑马驰骋，来得快，跑得快，非常便利。我们这些身穿宽袍大袖的步兵和笨重的战车，不是他们的对手。"

赵武灵王反复琢磨着对付胡人的办法。这一天，他对重臣肥义和楼缓两人说："没有强大的兵力，国家就不能生存。现在赵国四面临敌，我想出一个对策：让大家都穿胡人那样的衣裳，学他们骑兵打仗的本领。你们看行吗？"

楼缓兴奋地说："大王这个办法好。那样赵国的兵力就增强了。"

肥义欣慰地说："大王胸怀这般兴国大志，奋发图强，锐意改革，一定能建立不世之功！"

赵武灵王接着说："我应该带头穿起胡人的衣服，给大家做个样子看看！"肥义、楼缓都会心地笑了。

这一天，赵武灵王召见大臣朝会。他穿着新制的胡服从容上殿，肥义和楼缓也穿着胡服站立两旁。大臣们交头接耳，窃窃私语。尽管中原人衣袖肥大，行动不便，可古来如此，因此大臣们都认为很好看。今天，他们看见赵武灵王带头穿着胡人的服装，都觉得看不惯、不舒服。

赵武灵王把自己改穿胡服的想法说了一遍，劝大臣们都改变装束。大臣们又摇头又摆手，说不上是哭还是笑。赵武灵王也先不勉强他们。

赵武灵王见自己的叔叔公子成没来，就派人请他带头穿胡服。谁知公子成一听就火了："什么？中原自古以来的习俗，谁敢改了，这是忘了祖宗！我可不答应！"

赵武灵王深知，叔叔公子成年高德劭，在群臣中深富威望，做通了他的思想工作，也就等同于打开了群臣思想的缺口，其他问题即可

贤贤易色

迎刃而解。于是，决定亲自登门拜访。

赵武灵王来到公子成家里，对他说："皇叔，我觉得穿什么衣服不是一成不变的，主要看做事方便不方便。从古到今都是如此。"

公子成有些激动地说："可你要改穿胡人的衣裳啊！别忘了，他们还常来打我们，抢我们的东西呢！"

赵武灵王说："皇叔您听我说，我改穿胡服，就是为了这个呀！中山国抢占我们土地，胡人也趁火打劫。可赵国的兵力太弱，无法抵挡，如果我们改穿胡服，行动有多方便！再训练骑兵和他们作战，就一定能取胜。难道叔叔您不愿意赵国强盛吗？"

公子成听完，连忙跪下磕头，说："我真是老糊涂了。你有为国雪耻的雄心，我不该拦着你呀！"说着，公子成接过赵王亲手递过来的胡服，高高兴兴地穿上了。

第二天，文武大臣见公子成都改装了，谁也不再反对穿胡服了。公子成趁热打铁，向全国发出了改穿胡服的命令。

改穿胡服以后，赵武灵王又立即开始训练骑马射箭的军队。他身体力行，带领将士们勤学苦练。

每天早晨，在野外的练兵场上，一队队赵国的骑兵身穿胡服，足蹬高统皮靴，腰扎皮带，搭弓射箭，精神焕发，一个个勇猛无比。

赵武灵王一边看一边对肥义说："中原各国打仗，总是大将站在战车上指挥，士兵跟在后面跑，远不如胡人骑马射箭灵活，一眨眼工夫冲过来了，不可阻挡。咱们一定要好好学这个长处啊！"

肥义说："我们有骑兵了，往后再也不用担心胡人来犯了！"

经过一段时间的准备，赵国渐渐兵强马壮起来了。赵武灵王多次同大臣们商量，讨伐中山国，讨回被强占的土地。他先率领训练有素、武艺高强的骑兵打败林胡人，迫使胡王献出大量马匹。还利用这些马匹，进一步扩大了骑兵的实力。

接着，赵武灵王又下令讨伐中山国。中山虽然不是一流强国，但由于处于赵国的心脏地带，给赵国的国家安全和统一带来了极大的威胁。勇猛强悍的赵国骑兵一口气夺下中山国 4 座城池。

中山国王得知后，慌慌张张地派一支步兵队伍出来迎战。但中山军队还是老式作战方法，战车前面开路，一副气势汹汹的样子。赵国的骑兵训练有素，已经成为一支反应迅速的劲旅。赵武灵王命一部分骑兵在前面进攻，他自己亲自率领另一部分骑兵，悄悄绕到中山军队背后，然后发起突然攻击。

赵武灵王大声喊着："冲啊！用我们的铁骑冲击敌军！"随即，像一阵狂风，呼啸着卷了过去。

中山国军队在赵国快速反应的骑兵冲击下，立刻阵脚大乱，吓得连喊带叫："神兵下凡了，神兵下凡了！"

这一仗，赵军缴获了大批武器和粮食，中山国大伤元气，再也不敢欺侮赵国了。此刻，其他游牧部落也不敢来侵扰赵国边境了。

打败中山国主力部队后，赵武灵王率军又到达赵国与楼烦边境的重镇无穷之门，位于现在河北张北南。继而穿过楼烦和林胡的势力范围，向西折向黄河。赵武灵王渡过黄河，登上了黄河西侧、林胡人长期活动的黄华地带。在此行中，赵武灵王与游牧民族骑兵发生多次战斗，无一败绩。

赵武灵王是赵国历史上唯一的一位游遍赵国全境的国君。在整个战国时期，赵武灵王也是屈指可数曾经游遍其国土的几位国君之一。赵武灵王亲自率领骑兵横行中山和北方的劲敌楼烦和林胡之间，无疑是一个极富传奇性的政治活广告，胡服骑射的强兵效果无须复言，极大地增强了赵国国民对胡服骑射的信心和向往。

赵武灵王励精图治，发展生产，壮大国力，不到 10 年的时间，赵国就成为战国后期的强国之一。于是，又在信都的信宫即今邢台大会天下诸侯，就是召集诸侯定期过来开会，诸侯莫敢不来的。

大会诸侯的那一刻成为赵武灵王人生最辉煌得意的顶峰。赵武灵王终于实现了他最初的强兵报国的梦想。

赵武灵王在刀光剑影、狼烟四起的中原大地上，能审时度势，适时应变；在争雄势力中，能清晰找准问题的症结所在，并能以开放的态度，借他山之石以攻玉，学习胡人的服饰文化和先进的军事技术，从而为赵国赢得了军事上的制高点，为复兴赵国奠定了基础。

他的成功改革，是古代仁人志士报效国家的创举，在中华千秋史册上留下了可歌可赞的一页。

屈原悲吟为国捐躯

战国时期文人士大夫的报国思想，在屈原身上有充分地体现。他洞悉列国形势，对楚国的现状有着清醒的认识，"众人皆醉而我独醒"，表现了可贵的爱国情怀。

屈原，战国时期楚国人，他青年时期就学识渊博，才华横溢，胸怀大志，准备报效国家。可是，他生活的年代正是楚国由盛转衰的时期。

在当时，称雄的秦、楚、齐、燕、赵、韩、魏国连年不断混战。年轻的屈原是楚怀王的左徒官，他见百姓受到战争灾难，十分痛心，就以报国为己任，劝楚怀王任用贤能，爱护百姓，很得楚怀王的信任。

那时的秦国最强大，时常攻击其他国。因此，屈原亲自到各国去联络，要用联合的力量对付秦国。通过屈原出色的外交，楚、齐、燕、赵、韩、魏国君王齐集楚国的京城郢都，结成联盟，楚怀王成了联盟的领袖。

六国联盟的力量，有力地制止了强秦的扩张。屈原更加得到了楚怀王的重用，很多内政、外交大事，都凭屈原做主。

看到屈原出色的政治才干，楚国以子兰为首的一班贵族非常嫉妒和忌恨，常在楚怀王面前说屈原的坏话，说他独断专权，根本不把楚怀王放在眼里。挑拨的人多了，楚怀王对屈原渐渐不满起来。

秦国的间谍把这一情况，报告秦王。秦王早想进攻齐国，只碍着六国联盟不敢动手，听到这个消息，忙把相国张仪召进宫来商量。

张仪认为在六国之中，齐楚两国最有力量，只要离间这两国联盟也就散了。他愿意趁楚国内部不和的机会亲自去拆散六国联盟。秦王大喜。

张仪带着金银财宝来到楚国郢都，先来拜访屈原，说起了秦国的强大和秦楚联合对双方的好处，遭到了屈原的断然拒绝。

张仪又用财宝买通了子兰，子兰就引张仪拜见了楚怀王最宠爱的王后郑袖。张仪把一双价值万金的白璧献给了郑袖。那白璧的宝光把楚国王后的眼睛都照花了。郑袖欣然表示，愿意帮助他们促成秦楚联盟。

子兰想了一条计策说："我们就说屈原向张仪索取贿赂，由郑袖在楚怀王面前透出这个风声。"张仪大喜。

张仪布置停当，就托子兰引见楚怀王。他劝楚怀王绝齐联秦，列举了很多好处。最后道："只要大王愿意，秦王已经准

贤贤易色

备了秦的 600 里土地献给楚国。"

楚怀王听说不费一兵一卒，就可白得 600 里土地，心中大喜。他回到宫中，高兴地告诉了郑袖。

郑袖向他道喜，随即又皱起眉头说："听说屈原向张仪要一双白璧未成，怕要反对这事呢！"

楚怀王听了，半信半疑。

第二天，楚怀王摆下酒席招待张仪。席间讨论起秦楚友好，屈原果然猛烈反对，与子兰等人进行了激烈争论。他认为，放弃了六国联盟，就给秦国以可乘之机，这是楚国生死存亡的事情！他走到楚怀王面前大声说："大王，不能相信呀！张仪是秦国派来拆散联盟、孤立楚国的，万万相信不得！"

楚怀王想起郑袖所说，果然屈原竭力反对秦楚和好，他贪图秦国的土地，不禁怒道："难道楚国的 600 里土地抵不上你一双白璧！"说完不听屈原辩解，就令武士把他拉出宫门。

屈原痛心极了，站在宫门外面不忍离开，盼着楚怀王能醒悟过来改变主意，以免给国家带来灾难。他从午站到晚，看见张仪、子兰等人高高兴兴走出宫门，叹着气绝望地说："楚国啊，你又要受难啦！"

屈原认为楚怀王会醒悟，定会分清是非的。只要楚怀王回心转意，楚国就有办法了。但是楚怀王不再召见他，他越来越忧愁，常常整夜不眠，就写出《离骚》这首长诗，把对楚国的忧愁和自己的怨愤都写了进去。"离骚"就是"离忧"的意思，表示人在遭遇忧愁的时候，抒发自己的怨愤。

这首长诗传到宫中，子兰等人又有了新的攻击材料，就说屈原把楚怀王比作桀纣。楚怀王一怒，撤掉了屈原的官职。

郢都的空气快把屈原逼疯了，他只好搬出了郢都，准备住到汉北去。他走几步，停一停，恋恋不舍地回望这座雄伟的郢都城。屈原挂念着国事，到一处就歇几天，打听一下消息。

有一天，他看到一座古庙里的墙壁上，画着天地神灵和古代圣贤的故事。圣君贤王的事迹触动了他的心事，他想不通楚怀王为什么这样糊涂。他对神灵大声喝问："这世界究竟有没有是非！？"因此写成了《天问》这篇长诗。

神灵没有回答屈原，可事实却对他作了回答。当楚怀王和齐国断绝了邦交，拆散了联盟以后，就派人跟张仪到秦国去接收土地。结果自然是一场空。

就在这时，秦王改变了攻齐的计划，索性联合齐国，分两路迎击楚军。楚军挡不住两国的夹攻，连打几个败仗，秦兵占领了楚国的汉中。

消息传到汉北，把屈原急坏了。他愤怒、叹气，最后决定赶回郢都设法去抵抗秦国。半路上，他接到了楚怀王的命令，派他出使齐国恢复联盟。屈原高兴地想：大王到底回心了！就立刻奔赴齐国。

由于楚怀王违背联盟，齐国十分愤恨。但是屈原是齐王敬重的人，经过一番谈判，就答应撤回助秦攻楚的齐兵。就在屈原尚未返国时，他得到了秦楚议和的消息。他怕楚怀王再受欺骗，连忙辞了齐王，赶回楚国去。

屈原走了几天，忽听传说：张仪又到郢都来了。他不禁连连跺脚，日夜兼程，向郢都赶去。子兰等人听见屈原回来了，连忙来报告王后郑袖。他们都怕屈原再回郢都，让他留在楚怀王面前，日久总是大患。

这天夜里，郑袖就向楚怀王哭诉："屈原在云梦地方对百姓说，那些阵亡的都是我向大王进言而冤死的。他回来，要替冤死的申冤报仇。"

楚怀王听了大怒："他敢这样？简直是疯了！"

郑袖趁机进谗："是疯了，不是疯了怎会对百姓说这样放肆的话？我怕见他，他要在郢都，就让我到江南去。"

第二天，楚怀王下了一道命令：任屈原为三闾大夫，不必进宫，立刻赴任。他派子兰把命令送给屈原。子兰见了屈原，奸笑着向他道喜，传达了楚怀王的命令。

屈原惊呆了，他仰天长叹："大王，你再不能糊涂哟，楚国的江山，楚国的百姓，全在你的身上啊！"

屈原走了，此后的 10 多年中，楚国满朝文武都投入郑袖、子兰一党，联盟不久又散了。楚国国势一天不如一天，失掉了对抗秦兵的力量。秦国占领了楚国北部的 8 座城池。

楚怀王正在愁闷，忽然接到秦王的来信，请他到秦国武关这个地方，商谈秦楚永世友好的办法。楚怀王左思右想，拿不定主意：要不去，只怕秦军向南进攻；要去呢？又怕秦国心怀叵测。

子兰首先劝楚怀王："秦王愿意和好，这机会可失不得。"子兰一党的楚国大夫靳尚也说："走一遭，至少会有几年的太平。"

楚怀王回到后宫，又听了郑袖一番劝行的话，这才打定了主意，马上写了回信，同意去武关会谈。准备了几天，他和靳尚带了 500 人马动身。

楚怀王才离郢都，就见途中有一匹马飞一般奔来。奔到跟前，马上的人跳下，伏在车前，大声恸哭。楚怀王一看，原来是屈原。

屈原听到了楚怀王要去武关的消息，连夜飞马而来。只听他悲声说道："大王啊，秦国如虎口，这危险冒不得哟！你要想想楚国的祖宗和百姓，不能单听小人的说话啊！"

10 多年不见，屈原憔悴了。楚怀王见了他，想起这 10 多年来国势，一天天走下坡，心里也涌起了一阵感伤。楚怀王正在沉思，靳尚站出来狠狠地对屈原说："今天是大王出门的好日子，你说这些丧气话什么意思？"

屈原气得嘴唇发抖，颤声说道："你是楚国人，也该替楚国想想，不能把大王送进虎口啊！"

靳尚大怒，迭声叫让开。屈原攀住了车辕不肯放手。靳尚令人把屈原推倒在地，扬鞭催马，簇拥楚怀王而去。屈原爬起来，一边追，一边叫。靳尚只怕楚怀王心里动摇，加快一鞭，那车飞一般去了。

屈原喘着气站住了，眼睁睁望着向西而去的人马，等到不见了影子，还呆呆立在那儿。

果不出屈原所料，不到半个月，靳尚一人一马逃回郢都。原来，楚怀王和500人马一到武关，就被秦国扣留，已经送往咸阳了。

消息震惊了全国。郑袖为了安定人心，立太子熊横为顷襄王，她自己掌握国政；任命子兰做管理全国军政的令尹。

这一天，屈原忽然接到楚怀王的死讯。原来，楚怀王被扣押后，几次逃出，又几次被秦兵捉住，最终在顷襄王即位的第三年气死了。秦国把他的枯骨送还楚国。灵柩到达郢都时，楚国百姓个个感到奇耻大辱，沿路都有人失声痛哭。

这事件把屈原的心击碎了，他本来把复兴楚国的希望寄托在楚怀王的醒悟上，现在觉得什么都完了。他在楚怀王灵柩面前哭昏了过去。他要求顷襄王趁各国都在怨恨秦国的机会，设法联络，一同对付秦国。然而，顷襄王在子兰等人的操纵下全然不听。

屈原日夜在宫门前痛哭，期望打动顷襄王。这可恼了郑袖，她立刻叫顷襄王革掉屈原的三闾大夫职位，叫人押送流放到江南陵阳去，永远不准过江。

屈原到了流放地陵阳，日夜心烦意乱。他的马悲哀地嘶叫着，马夫也回头望着楚国叹气。屈原不禁激动地说："对，我们是楚国人、楚国马，死也要死在楚国的土地上！"

屈原在陵阳住了9年，既没有回郢都的希望，又听到楚国的局面越来越坏，每个传来的消息都使他坐立不安。他想起楚怀王是因为拒绝割让黔中才死在秦国的，决意到这块地方去看看。于是，他来到黔中郡溆浦，在这个地方住了下来。

屈原心里爱国的火焰还在燃烧，可自己又无能为力，就只好每天在山边湖旁踱着。他把满腹的忧愁愤恨，都写成了诗篇。他越来越老了，但是复兴楚国的希望，却一天也没有熄灭过。

公元前278年的一天，一个晴天霹雳的消息把屈原击昏了：秦将白起进

贤贤易色

攻楚国，占领郢都，楚国的宗庙和陵墓都被毁了。

"楚国要亡了！"屈原喃喃地说。他决定回到郢都去，死在出生的土地上。他头也不梳，脸也不洗，昏昏沉沉地走了几天，恍惚中来到了汨罗江边。

站在汨罗江畔，屈原在清澈的江水里看见了自己的满头白发，心里像波浪一样翻腾起来：联盟被小人破坏了，楚国受到了危险，百姓遭到了灾殃……他决心用自己的生命去警告卖国的小人，激发全国百姓的爱国赤诚。

公元前 278 年农历五月初五这天，屈原抱着一块石头，跳入了汨罗江。翻腾的江水卷起浪花，拥抱着一个伟大的灵魂。

屈原为国捐躯，他的诗歌对后世产生了深远的影响，而他的爱国人格和报国之心，使他成为一颗光耀历史天空的巨星。

贤贤易色

温良恭俭让

曾子曰："慎终追远，民德归厚矣。"

子禽^①问于子贡^②曰："夫子^③至于是邦^④也，必闻其政，求之与？抑^⑤与之与？"

子贡曰："夫子温、良、恭、俭、让以得之。夫子之求之也，其诸异乎人之求之与？"

【注解】

①子禽：姓陈名亢，字子禽。郑玄所注《论语》说他是孔子的学生。

②子贡：姓端木名赐，字子贡，卫国人，比孔子小 31 岁，是孔子的学生，生于公元前 520 年。子贡善辩，孔子认为他可以做大国的宰相。

③夫子：古代的一种敬称，孔子曾担任过鲁国的司寇，所以他的学生们称他为"夫子"。后来，因此而沿袭以称呼老师。

④邦：指当时割据的诸侯国家。

⑤抑：还是的意思。

【解释】

曾子说："谨慎地对待父母的去世，追念久远的祖先，自然会导致老百姓日趋忠厚老实了。"

子禽问子贡说："老师每到一个国家，必能了解那个国家的政事，是他自己求来的呢？还是人家国君主动告诉他的呢？"

子贡说："老师温良恭俭让，所以才得到这样的资格。他老人家获知政事的方法，大概与别人的求法不同吧？"

【故事】

子贡尊师重道守墓

子贡天性至孝，3 岁即知人善恶。17 岁时，听说孔子在授徒，心里非常景仰，于是拜孔子为师。在孔子的 72 个弟子中，子贡是最善经商的一个。

一次，子贡外出经商，途中赎回一位沦为外国奴隶的鲁国人，按照规定，他可以获得一笔奖金。子贡没有去领取奖金，他的这种行为不但没有使他蒙受经济损失，反而因此而广受世人称誉而给他带来了更多商机。

孔子知道了这件事情之后对子贡说："在大家看来你是做了一件好事，但是却因为你这样做了，以后如果再有鲁国的人被沦为奴隶的话，恐怕就会有越来越少的人去救了。因为大家都看到了你的榜样，后来的人就算救了也不敢去领奖金了，久而久之这倒反成了一件坏事情。"

子贡时时处处维护孔子的尊严，绝不允许任何人毁谤老师的声誉。一次，鲁国大夫叔孙武叔在人前贬低孔子抬高子贡，子贡非常气愤。他当即以房子为喻，说老师的围墙高十数丈，屋内富丽堂皇，不是一般人能看得到的；而自己不过只有肩高的围墙，一眼就可望尽。

子贡还把老师孔子比作太阳和月亮，说他光彩照人，不是常人所能超越的。孔子死后，子贡悲痛万分，在孔子墓旁结庐而居，一直守墓六年。

孔门弟子的孝悌之行

孔子对周公思想的发展，不仅强调仁爱，将仁爱作为伦理思想的核心，并且同样注重孝道。在孔子的思想中，"孝"是人才成长的思想基础。

孔子认为，一个人只有孝敬父母，才能为国为民，尽忠好义。因此，他曾经多次与弟子谈论孝道，教育弟子要懂孝道，尽孝行。在孔子的教导下，孔门弟子们行孝尽孝成为风气。

闵子骞在孔子的弟子中，是出了名的孝子。他上事父母，下顺兄弟，一举一动，尽善尽美，无人讲他闲话。闵子骞行孝深得孔子的赞许。

闵子骞小时候，受后母虐待。后母疼自己生的两个儿子。有好吃的，就偷偷地给自己生的两个儿子吃，闵子骞不但吃不着好的，还常常吃不饱饭。可是，闵子骞怕父亲知道了难受，从未告诉他。

冬天到了，后母所生的两个儿子穿的都是棉絮衣，身上暖烘烘的，而闵子骞穿的却是芦花做的棉衣。

有一天，闵子骞的父亲坐着他们兄弟三人拉着的车外出。那天非常寒冷，西北风"呼呼"地刮。闵子骞的棉衣不能御寒，一打就透，他冻得浑身颤抖，面色灰白，手都冻僵了。他的两个弟弟，因为拉车赶路，衣服保暖，脸上直冒热汗，面色红润。

闵子骞的父亲一看，闵子骞瑟瑟发抖而两个弟弟直淌汗，以为闵子骞拉车不卖力气，一气之下，就用鞭子抽打他。

鞭子抽破了棉衣，芦花忽地飞了出来。父亲感到奇怪，抓着几个一看，才恍然大悟。啊！原来儿子身穿芦花，是冻得在发抖！"回家！哪儿也不去了！"父亲命令三兄弟往回走。

闵子骞的父亲真是气极了，他心疼起自己的儿子，一进家门，便把妻子叫出来，骂她没有人心，要休掉她。

闵子骞一见，跪在地上哀求父亲说："母亲在这儿，只有我一个人寒冷，如果母亲离去，那么我们兄弟三人都将孤单！我的棉衣絮芦花，是我家贫困，没有那么多棉花！"

父亲见他的话说得婉转而近情理，便打消了休妻的念头。后母听了闵子骞的话，非常惭愧。从此以后，她痛改前非，待闵子骞比她的亲生儿子还好。

曾参出身贫寒，一生经历坎坷，但终生讲求修身养性，主张"日三省吾身"。

曾子以孝出名，他不仅行为上恪守孝道，而且还有一套理论主张。他把孝分为3种："大孝尊亲，其次弗辱，其下能养。"意思是说，第一等的是言语、行为和内心能尊敬父母；第二等是不打骂侮辱父母，对他们好；再下一等的是能给他们养老送终。

曾子在孔子门下受业学习多年，学有所成。那时，他家贫寒，为了养活父母，他在离家很近的莒国出仕做小吏。虽然俸禄只有几斗米，但是他仍然十分欢喜，因为能用自己所得供养双亲。

后来，他成了大名士，双亲也老了，他就不再外出谋官。当时，齐国聘请他做相国，楚国委任他为令尹，晋国请他做上卿，都被他拒绝了。

父母亡故之后，曾子游历到楚国做了大官，出门百乘相随，大队仪仗呼拥，高官厚禄十分显赫。可曾子并不高兴。他常常面北哭泣，因为在他看来，官再高，禄再丰，父母已经亡故，无法再奉养双亲了。父母没能过着荣华富贵日子，太可怜了。

父亲在世时，有一天，曾子到他父亲的瓜地里去锄草。一不小心，把瓜苗锄掉了好几棵。曾子好心疼，自责自己的粗心。这时，正赶上他父亲拄着棍子来薅草，一看见曾子把瓜苗锄掉好几棵，气不打一处来，没问青红皂白，举起大棍，照着曾子的脑袋打来。

本来，曾子稍一侧身，棍子就不会落在曾子的头上的。但曾子想，自己错了，父亲打几下消消气，就没有躲闪，仍立在原地。

因用力过猛，曾子被打倒在地，不省人事了。这下子可吓坏了父亲，后悔自己出手太重。老人连呼带叫，揉了半天，曾子才苏醒过来。

为了不使父亲为自己担忧，曾子赶紧爬起，好像没挨过打似地向父亲赔不是。并走进瓜棚，拿过琴来弹给父亲听，让父亲消气。

曾子不仅对父亲如此，就是对后母也是十分孝敬，甚至休了妻子以敬后母。曾子的后母对他十分刻薄，一点恩义也没有，但曾子毫无怨言，像对父亲那样，孝顺备至。

有一次，曾子让妻子为母亲做藜羹，他的妻子一时粗心，没蒸熟就端了上去。曾子知道后，大为恼火，立刻写了休书，将妻子撵出门去。

知情人都认为太过分了，责问他说："妇人犯了七出之条，才能休掉；藜羹不熟，这样区区小事，你为什么要因此休妻呢？"

曾子说："藜羹确实是件小事，但我叫她煮熟奉母，她竟然不听我话。这样的人，如何可以留下她呢？"

然而曾子毕竟深爱自己的妻子，为了珍惜夫妻感情，终身没有再娶。

温良恭俭让

子路是孔子的学生。他从不欺负弱者，且尊老爱幼，是乡里有名的大孝子。子路家里很穷，常常以糠菜充饥。他想，家有穷富，人有高低，但家庭越贫寒，就越应想方设法孝敬父母，尽心尽力地去侍奉父母，尽量让父母少受些苦。他自己常常吃野菜或灰菜做的面团子，却设法让父母吃上米饭。

后来，家境稍有好转，子路对父母仍照顾备至，想方设法让二位老人吃好，尽子之孝道。

一天，子路去 25 千米外的郰邑做买卖，见集市上卖一种米，白白的。子路问："这是什么米？"

同行的人告诉他说："这叫稻米，做饭香甜可口！"子路想，何不背回点让二老尝尝。于是他就买了一口袋，背回家中，给父母煮出香喷喷的白米饭。

二老边吃边赞不绝口："白米饭真好吃啊！"子路见二老这样喜爱白米饭，他就经常去郰邑背米。

后来，子路得知孔子收徒讲学，就前往拜师学习，由于他勤奋刻苦，很快就成了孔子的得意门生，可就有一样叫先生非常不满意：子路过一段时间就请假回家。

一天，孔子问子路："你为什么过一段时候就请假回家？"

子路见先生问起这事，忙向前行礼回答："先生不知，学生的二老最喜郰邑的白米饭，学生过一段时间就得去郰邑背米，孝敬双亲。"

孔子听了，深为感动，并夸赞他说："子路真是个大孝子啊！"

子路常对人说，背着沉重包袱走远路的人，休息时从不选择地点，因为太累呀！双亲年迈家里又很穷的人，找工作会不管挣钱多少，因为急需钱花啊！

二位老人去世以后，子路去南方到了楚国，受到楚国重用，曾高贵一时。

跟随他的车子达到 100 多辆，积攒的谷子有几十万担，坐车铺的垫子，一层接一层，吃饭的时候，摆着多少个鼎看着吃。

穷贱之时子路孝顺双亲尽心尽力，富贵之日子路更时刻怀念双亲。他说道：

> 我真愿意回到同父母一起享受欢乐的时刻，可是不能再得到了。二老寿数有限，孝子想要孝敬老人，可是二位老人不能等啊！就像草木想着不凋谢，可是霜露不允许啊！我没能及时孝敬老人，时机一过，后悔也没有用了。

贫亦孝，富亦孝。子路孝顺父母的深切情感，不知打动了多少孝子的心啊！

季札以孝悌之道让国

周公的仁爱孝悌思想被孔子继承并加以阐扬后，在当时产生了巨大的影响。由于仁爱孝悌具有强大的精神力量，当时涌现出了像季札这样讲求孝悌之道的人。

季札曾把王位让给哥哥，后来再度让国，其所体现的和谐、诚信、礼让、睿智等孝悌之道，已经融入中华民族的优秀品质中。

季札是春秋时期吴国人，因受封于延陵一代，又称"延陵季子"。其祖先是周王朝的泰伯，曾经被孔子赞美为"至德"之人。

泰伯本是周室的王位继承人，但他的父亲有意传位给幼子季历以及孙子昌。于是，泰伯就主动把王位让了出来，自己则以采药为名，逃到荒芜的荆蛮之地，建立了吴国。

数代之后，吴国皇族寿梦继承了吴国王位。在寿梦的4个儿子当中，以四子季札最有德行，所以寿梦一直有意要传位给季札。

季札是一位杰出的政治家和外交家。在公元前485年冬，楚国名将子期进攻陈国，吴王派季札救援陈国。季札传言给子期，明确表达自己的反战态度。经季札调停后，平息了一场战乱。

公元前544年，季札奉命出使鲁、齐、郑、卫、晋五国，在这次外交活动中，他同齐国的晏婴，郑国的子产及鲁、卫、晋等国的重要政治家会晤，高谈政事，评论时势，使中原国家了解并通好吴国。

季札重信义。一次途经徐国时，徐国的国君非常羡慕他佩带的宝剑，难于启齿相求，季札因自己还要遍访列国，当时未便相赠。

待出使归来，再经徐国时，徐君已死，季札慨然解下佩剑，挂在徐君墓旁的松树上。侍从不解。他说："我内心早已答应把宝剑送给徐君，难道能

因徐君死了就可以违背我的心愿吗？"此事传为千古美谈。

正是因为季札多才多艺，他的哥哥诸樊特别疼爱他，认为自己的德能还在季札之下，一心想把持国的重任托付给他。但是季札不肯受位，坚持把王位让给哥哥。

季札说："曹国之人想拥立贤能的子臧为国君，来取代无德的曹王，但被子臧所拒绝。为了坚守臣民应有的忠义，并打消国人拥立的念头，子臧离开曹国，奔走到了宋，使曹国的君主，仍然得以在位执政。子臧谦恭无争的美德，被人们赞美为能'守节'的圣德之人。前贤的殷鉴历历在心，国君的尊位，哪里是我季札所希求的呢？虽然我无德，但祈求追比贤圣，则是念念在心啊！"

季札的厚德感动了吴国上下，人们如同众星捧月一般，一心想要拥戴季札为王。不得已之下，季札退隐于山水之间，成日躬耕劳作，以表明他坚定的志节，才彻底打消了吴人的这个念头。

吴王诸樊直至去世之前，都还念念不忘弟弟季札。他留下遗训，让后人将王位依次传给几位弟弟，这样最终就能传到幼弟季札的手里，以先王寿梦生前的遗愿。到继位的吴王夷昧临终前，要把王位传给季札。

季札再一次拒绝了执政的遗训。为了表明自己坚定的决心，他再度归隐而去。

孔子赞扬季札的孝悌之道，说："其可谓至德也已矣，三以天下让，民无得而称焉。"意思是说，他的道德高到了极处，他曾经以天下三度让给兄弟，人民不知道如何称颂他的至德。

在这个"季札让国"历史故事的背后，还有一个溯源主题余韵不尽。中原地区与吴越一带的人们，都是同祖共宗的兄弟。在古老的华夏大地上，千百年来人们本就同根同源，同体相依。

郯子扮鹿献乳奉双亲

由于仁爱孝悌思想先秦社会产生了广泛而深远的影响，在各诸侯国的国君中，涌现出许多仁爱治国、孝悌亲情的典范。春秋末期郯国的国君郯子就是其中的一个代表。

春秋末期，中原大地，诸侯割据，方国林立。在今山东半岛一带，最大的国家首推鲁国。在鲁国周围，更有许多小国，郯国便是这许多小国中的一个。其位置大约在今山东省郯城县北不远的地方。

郯国的国君，其先祖可追溯至上古时期，至春秋末期，国君的姓氏已无从考证，历史上通常称之为郯子。郯子很小的时候，非常孝顺父母，其孝名远近传播。后来，他的父母年迈，而且都患了眼病，于是便由他继承大位，当上了国君。

郯子当国君后的第一件事，照例是去朝见鲁国的国君。因为郯国地小人少，鲁国地大人众，郯国需要鲁国的庇护。鲁国当时正值鲁襄公在位。

公元前 566 年，鲁襄公以美味佳肴款待郯子，席间鲁襄公问起郯子的高祖为什么用鸟来命名官爵。

郯子本来就是个博学的君主，他数典述祖侃侃而谈："我的祖先少昊初立位时，恰好有凤凰飞来，这被当成吉祥的征兆，因此就拜鸟为师，以鸟名来称呼各种官职。"

郯子进一步解释说："如凤鸟氏掌管历法，玄鸟氏掌管春分、秋分，伯劳鸟掌管夏至、冬至，青鸟氏掌管立春、立夏，丹鸟氏掌管立秋、立冬。以上这 4 种鸟都是凤鸟氏的属官。作为管理百姓的官职，就只能以百姓的事情来命名，而不像从前那样以龙、鸟命名了。"

满座人无不佩服郯子的学识渊博。据说当时孔子还是一个27岁的年轻人，他听到这一信息后，求见郯子，向他学习这一方面的知识。至今还流传着"孔子师郯子"的故事。

郯子深谙人生苦短，他认为父母这一辈子不容易，因而备加珍惜与父母相处的每一时刻。在鲁国处理完国事后，就匆匆赶回家，并请了最好的医生，给父母诊治。

医生说，这种病关键是要去火，而去火的最佳办法是饮用鹿乳，并用鹿乳洗眼睛。医生叮嘱说，时间一定要抓紧，否则两位老人家有双目失明的可能。

郯子听了医生的话，一时犯了难。要知道，鹿是野生动物，胆小怕人，极善奔跑，不用说取鹿乳，就是接近它也很困难。这鹿乳从哪儿才能弄到呢？

为了治疗父母的眼病，郯子带着几个侍从，整天钻深山，穿老林，渴望能寻着鹿群，并弄到鹿乳。可是，鹿是特别机灵的野生动物，不等人靠近，早就一阵风似地跑得无影无踪。

郯子等望鹿兴叹，一筹莫展。一晃过去了好多天，毫无所获。郯子心像火烧似的，这样下去，父母的双眼非瞎不可啊！

郯子吃不下饭，睡不着觉，苦思冥想弄到鹿乳的办法。突然，他眼睛一亮：何不把自己化装成鹿去接近鹿群，随后再相机行事呢？

他把这个想法跟侍从们一说，侍从们直摇头，没有一个同意的。他们说："从古至今，没听说哪个国君装鹿的，再说，那样做多危险呀！万一有个好歹，怎么向郯国的民众交代？"

郯子说："人生在世，最重要的事情莫过于孝顺父母。现在父母有病，非用鹿乳不可，我哪能顾虑许多呀？"

侍从们见国君态度坚决，提议说："那好，装鹿取乳的事，就由我们去做吧！"

郯子说："不，我的父母理应由我供奉，让你们代劳，我心里不安。"于是，郯子开始化装。他找来一张鹿皮披在身上，并在头上安了假角，然后伏在地上左蹦右跳，远看还真像一头调皮的小鹿。郯子乔装打扮后，独自进入深山老林，模仿鹿跑，模仿鹿叫。他在心里说：鹿啊，求求你们快来与我为伍吧，不然，我父母的眼睛就治不好啦！

人装着鹿，不能站立行走，全靠在地上爬，还得跑，还得叫，那滋味可不好受。郯子想到孝子的义务和责任，硬是忍着撑着，不敢露出丝毫的破绽。

两天下来，他的手烂了，脚胀了，口干舌燥，头晕眼花，浑身像散了架。可是一想到父母的眼病，他咬着牙，还是硬忍着硬撑着。

有几次，郯子确实遇到了鹿群从身边经过，他赶紧摇头摆尾，学着鹿的样子"呦呦"鸣叫，迎上前去与它们亲昵。鹿群当初以为这是自己的同类，就前来与之热乎，可是靠近一看一嗅，发现不大对头，马上四蹄蹬开，飞也似的跑了。

郯子急得脸红心跳，恨不得一把抓住一头母鹿。多少天过去了，郯子还是没有弄到鹿乳。这一天，他又早早地进入了深山老林，焦急地等待着鹿群。

从早上等到中午，从中午等到傍晚，连鹿群的影子也没有见到。就在他像鹿一样伏在地上左观右看时，突然发现远处有一支箭正瞄着自己。他顿时意识到，那是猎人的箭，猎人把他当成一头小鹿，正欲射箭猎获。

利箭在弦，千钧一发，郯子赶紧站起身来，迎着利箭大喊："别射，别射，我是人！"

猎人正瞄准着小鹿，准备放箭，谁知"小鹿"却站立起来，对着自己喊话，不免吓了一跳。

这时，郯子已脱下鹿皮，立起身站在那里。猎人走上前，没好气地说："你一个大活人，装鹿干什么？要不是造化大，早被我射死了！"

郯子抱歉而又恭敬地拱了拱手，向猎人表示谢意。接着，他表明了自己的身份，并把装鹿的缘由和苦衷叙说了一遍。

猎人这才明白，眼前这个人竟是自己的国君，而且还是个孝子。郯子的孝心和孝行，使猎人很受感动。猎人朗声笑道："不就是鹿乳嘛，你找我呀！"

郯子听了这话，喜出望外，忙道："怎么？你有鹿乳？"

猎人告诉郯子说，自己是打猎的，前不久猎得一头母鹿，那鹿乳多着呢！接着把郯子带回家，赠送给他满满一桶鹿乳，还说："以后需要，尽管来取。"

郯子对猎人千恩万谢，携带鹿乳，告别下山。回到家，郯子把鹿乳分成两半，一半给父母饮用，一半给父母洗眼。几天以后，他父母的眼病果然痊愈，而且眼睛比原先更清亮了。

郯子非常高兴，自己的孝心总算有了回报。他几次亲自去向那个猎人表示感谢，猎人憨厚纯朴，说："用不着谢，你只要把咱郯国治理好就行了！"

此后，郯子牢记猎人的话，精心治理国家，安抚百姓，提倡孝敬，使小小的郯国变得昌盛富裕。

在当时天下动乱的情况下，郯国以区区小国颇有名气，这其中主要原因是国君郯子的政绩、才华和仁孝之德赢得了人心。郯子的孝行历来为人所称道，被视为德、才、威、雅的化身。

中医学开山鼻祖扁鹊

扁鹊医术精湛，所以人们就用传说中的上古轩辕时代的名医"扁鹊"的名字来称呼他。

其实，"扁鹊"是古代医术高超者的一个通用名词。"扁"字的读音，在那时的发音是"篇"，清代学者梁玉绳在《史记志疑》中说，扁鹊之扁是"取鹊飞之意"，即指一只喜鹊在自由自在地飞翔。

按照古人的传说，医生治病救人，走到哪里，就将安康和快乐带到哪里，好比是带来喜讯的喜鹊。所以，古人把那些医术高超、医德高尚的医生称作"扁鹊"。扁鹊医术高明、学识渊博，走南闯北、治病救人，顺理成章地被人们尊敬地称作"扁鹊"。

扁鹊遍游各地行医，擅长各科，在赵国为"带下医"，即妇科；至周国为"耳目痹医"，即五官科；入秦国则为"小儿医"，即儿科。

相传因为邯郸西南妇女多病，扁鹊在那里的时候就花费大部分的时间为妇女治病。洛阳风俗尊重老人。扁鹊在那里就当耳目科医生，替很多老人治好耳聋眼花的疾病。

他到咸阳时，因为那里的孩子多病，就几乎变成小儿科的专门医生。这些都说明扁鹊之所以能够精通各科和各种医疗技术，是与他这种处处从人们需要出发的热情分不开的。

扁鹊不仅在诊断学上有很大的贡献，而且是医学上的"多面手"。为了能够迅速有效地给人们解除在疾病的上痛苦，满足医疗上的需要，扁鹊还研习和应用砭刺、针灸、按摩、汤液、热熨等方法，效果显著，所以很有医名。

有一次，晋国的赵简子病重，其家人十分惶恐，请扁鹊去给他诊治。扁鹊把过赵简子的脉搏以后，断定赵简子不会死。他给赵简子配了药，又扎了针，果然，不出 3 天，赵简子就苏醒过来了。

扁鹊曾经给虢太子治病，当时他就用了针灸、热敷和汤药 3 种方法进行综合治疗。有一次，扁鹊路过虢国，听说虢君的太子突然昏死过去。他认为这事很可怀疑，要去看个究竟。当扁鹊跑到宫里的时候，大臣们已在替太子办理后事。

扁鹊问明了太子怎样昏死的情况以后，就仔细地察看。他发现太子还有微弱的呼吸，两腿的内侧还没有全凉，因而断定太子不是真死，而是得了"尸厥病"，即类似现代的假死，认为还有治好的希望。

他就给太子扎针，太子果然醒了过来。扁鹊接着又在太子两腋下施行热敷，不一

会，太子就能够坐起来了。虢君万分惊喜，他热泪盈眶，向扁鹊作揖道谢。扁鹊临走时还留下了药方，虢太子按方服了 20 多天的汤药，便完全恢复了健康。这就是世代传说的扁鹊起死回生的故事。

当时的人都把扁鹊当作神仙来看待。但是扁鹊并不因此而感到骄傲，也不炫耀自己的本领，他说："不是我有什么本领能够把病人救活，而是病人本来就没有死。"

扁鹊看病行医有"六不治"原则：一是依仗权势，骄横跋扈的人不治；二是贪图钱财，不顾性命的人不治；三是暴饮暴食，饮食无常的人不治；四是病重不早求医的人不治；五是身体虚弱不能服药的人不治；六是相信巫术的人不治。

有一次，扁鹊到了齐国，蔡桓公知道他有很高明的医术，就热诚地招待他。扁鹊见了蔡桓公，根据蔡桓公的气色，断定他有病。

他对蔡桓公说："你已经有病了，现在病还在浅表部位，如果不赶快医治，就会加重起来。"

蔡桓公因为自己当时并没有不舒服的感觉，所以不相信扁鹊的话，反以为扁鹊是想借此显示自己的本领，博取名利。

过了 5 天，扁鹊又看见了蔡桓公，观察到蔡桓公的病已经进入血脉之间，再劝他赶快医治。蔡桓公还是不听。

又过 5 天，扁鹊又告诉蔡桓公说："你的病已转到了胃肠，如果再拖延不治，恐怕就无法挽救了。"

蔡桓公这一次不仅不听，反而对扁鹊说："我起居同平时一样，没病，请你不要再罗罗唆唆了。"

又是 5 天过去了，扁鹊细看蔡桓公的气色，知道他的病情已经到了无法医治的地步了，于是一句话也不说就走开了。

蔡桓公派人去问他为什么走了，他说："病在浅表，可以用汤药医治；

病到血脉，可以扎针医治；病到内脏也还不是没有办法；可是现在蔡桓公的病已深入到骨髓，再没有方法可以医治，所以只好退出。"

不久，蔡桓公果然病倒了。他派人去请扁鹊，这时扁鹊已经到秦国去了。蔡桓公终于因为没有听扁鹊的话而病死了。

这就是著名的扁鹊见蔡桓公的故事。

扁鹊治病不是只用望诊和切诊的方法，他同时也很注意从多方面来诊断疾病。他既看舌苔，又听病人说话、呼吸和咳嗽的声音，还问病源和得病前后的种种情况。除了病人以外，他还向病人的家属和亲友细细查询，以求得准确的结论，便于对症下药。这就是上面提到的望、闻、问、切四诊法。这一套诊断方法的建立，是扁鹊在我国医学史上的巨大贡献。

扁鹊为了人们的健康，还提出了一套破除迷信和预防疾病的思想。他认为身体应该好好保养和锻炼，有了病以后要赶紧请医生医治，拖延久了病就会加重起来，以至于不能医治。

扁鹊说，人不怕有病，就怕有了病以后不好好医治，应该懂得轻病好治的道理。他又说，相信鬼神和巫师而不相信医生的人，他们的病是不会治好的。扁鹊在迷信思想还很浓厚的古代，能够毫不踌躇地提出反对相信巫师的看法，是很不容易的。

关于如何预防疾病，扁鹊告诉大家，健康时就要注意寒暖，节制饮食，胸襟要舒畅，不能动怒生气等。在今天看来，这些也都是合乎科学的。

扁鹊为了使自己的医术能够保存下去，很注意培养徒弟。子阳、子豹、子问、子明、子游、子仪、子越、子术、子容等人，都是他的著名的徒弟，其中子仪还著有《本草》一书。

扁鹊所处的年代，正是生产力迅速发展和社会发生着激烈变革、动荡的年代，也是人才流动、人才辈出的时代，各诸侯国都在竞争人才。秦国为了广招贤能，采取了兼收并取之法，除重视治理国家的人才外，对医生也很尊重。

给予医生以极好的待遇，各国名医纷纷到秦，扁鹊就是在这种情况下成为秦人的。

扁鹊在秦国时，有一次秦王有病，就召请扁鹊来治。就在扁鹊给秦王施治时，太医令李醯和一班文武大臣赶忙出来劝阻，说什么大王的病处于耳朵之前，眼睛之下，扁鹊未必能除，万一出了差错，将使耳不聪，目不明。

扁鹊听了气得把治病用的砭石一摔，对秦王说："大王同我商量好了除病，却又允许一班蠢人从中捣乱；假使你也这样来治理国政，那你就会亡国！"

秦王听了只好让扁鹊治病。李醯看到自己治不好的病，到了扁鹊手里却化险为夷，自知不如扁鹊，就产生嫉恨之心，使人暗下毒手，最后杀害了扁鹊。就因为这件事，有一天李醯驾车出门，愤怒的人们把他包围起来，要不是他的卫兵保护，这个卑鄙无耻、阴险毒辣的杀人犯，准会被大家打死的。

扁鹊虽然被暗害了，但他在医学上的贡献，随着历史的发展，一天比一天得到发扬光大。到汉朝的时候，扁鹊的医疗理论和经验，被总结成一部医学的经典著作，书名叫作《难经》，一共有 80 篇，其中有《脉经》《经络》《脏腑》《病理》《穴道》《针法》等篇。一个对于人民真正有所贡献的人，不管时间隔得多久，他总是不会被忘掉，更能够得到人民的尊敬和怀念的。扁鹊就是这样的一个人。所以即使到了现在，人民群众永远怀念着他。

孟子的孝悌仁爱实践

先秦时期的仁爱孝悌思想，经过孔子的阐发，以及季札、郯子等人的亲身实践，至战国时期又有了新的发展。尤其是经过当时著名的思想家孟子的实践努力，使其具有了新的内涵，从而对中华民族的道德精神构建产生了积极而深远的影响。

孟子，战国时期的邹国人。邹国位于现在的山东。孟子是一个伟大的思想家、教育家、政治家、文学家、雄辩家，儒家的主要代表之一。据说他曾经受业于孔门弟子。在儒学分化中，孟子代表了孔门正统学术思想，以至于被称为"孔孟学派"。

孟子在实践活动中，多次和弟子们阐述孝悌思想。在一个秋雨连绵的夜晚，孟子和学生们围坐在一起，讨论孝悌和修养的关系问题。

爱提问题的公孙丑首先提问："先生，您为什么那么重视孝悌呢？"

孟子解答："因为要实行尧舜的仁政，必须立足于孝悌。"

公孙丑接着问："那么，什么是孝悌呢？"

孟子解释说："孝顺父母为孝，尊敬兄长为悌。孝和悌是仁义的基础，只要每个人都爱自己的双亲，尊敬自己的兄长，天下就可以太平。"

孟子谴责不孝顺父母的人，他认为不孝有5项内容。公孙丑问他有哪5项内容时，孟子说："世俗所谓不孝的事情有5件：四肢懒惰，不管父母的生活，一不孝；好下棋喝酒，不管父母生活，二不孝；好钱财，偏爱妻室儿女，不管父母生活，三不孝；放纵耳目的欲望，使父母因此受耻辱，四不孝；

逞勇敢，好斗殴，危及父母，五不孝。"

孟子除了重视孝悌之道，还发展了孔子的仁爱观。他继承了孔子的儒家思想，主张仁爱，把爱推广到全社会，让社会公民都施行仁爱。他的这种仁爱观体现了一种博爱精神，说明孟子具有的宽广情怀，以及营造社会和谐的美好愿望。

有一次，孟子和梁惠王谈论治国之道。孟子问梁惠王："用木棍打死人和用刀子杀死人，有什么不同吗？"

梁惠王回答说："没有什么不同的。"

孟子又问："用刀子杀死人和用政治害死人有什么不同？"

梁惠王说："也没有什么不同。"

孟子接着说："现在大王的厨房里有的是肥肉，马厩里有的是壮马，可老百姓面有饥色，野外躺着饿死的人。这是当权者在带领着野兽来吃人啊！大王想想，野兽相食，尚且使人厌恶；那么当权者带着野兽来吃人，怎么能当好老百姓的父母官呢？孔子曾经说过，首先开始用俑的人，他是断子绝孙、没有后代的吧！您看，用人形的土偶来殉葬尚且不可，又怎么可以让老百姓活活地饿死呢？"

孟子又举了一个例子，他说："人们看到小孩溺水就会生恻隐之心，实施救援，这种恻隐之心是隐藏于我们内心，它是仁义的源头，人的仁义之心都发源于此。人性天生就是善的，就像水必然由高处向低处流一样。只要不受外界的影响，人性就不会变恶。"

梁惠王听了孟子的一番宏论，深有感触地说："孟老夫子的话，确是闻所未闻。"但梁惠王还是觉得自己是爱护百姓的，就说道，"我费心尽力治国，又爱护百姓，却不见百姓增多，这是什么原因呢？"

孟子回答说："让我拿打仗作个比喻吧！双方的军队在战场上相遇，免不了要进行一场厮杀。厮杀结果，打败的一方免不了会丢盔弃甲，飞奔逃命。

假如一个兵士跑得慢，只跑了 50 步，却去嘲笑跑了 100 步的兵士是'贪生怕死'。"

孟子讲完故事，问梁惠王："这对不对？"

梁惠王立即说："当然不对！"

孟子说："你虽然爱百姓，可你喜欢打仗，百姓就要遭殃。这与五十步笑百步同样道理。"

梁惠王这时终于明白，自己有同样的缺点或错误，虽然程度上轻一些，但本质是相同的。

梁惠王自诩"尽心"，而在孟子看来，他所采用的措施，只是"爱民"的临时措施，与邻国之政实际上是五十步与百步之比。孟子认为治国的根本之道是实行"仁政"，提出不要用战争或劳役使人民耽误农时，不要滥捕鱼鳖，不要砍伐林木，让人民休养生息，有较安定的生活，这样才是"王道"的开端。

孟子讲：民为贵，社稷次之，君为轻。孟子认为，只有从人性出发，施行仁政，社会才可能成为人间的乐土。

其实，孟子的仁爱是一种由远及近的爱，也就是说是在对自己家人的爱之上再推广到全社会的爱。你对别人施予仁爱，别人也就自然对你施予仁爱，你在施予仁爱的同时，将来也将会得到别人的回报。

《孟子》里说："老吾老以及人之老，幼吾幼以及人之幼。"意思是说，在赡养孝敬自己的长辈时，不应忘记其他与自己没有亲缘关系的老人；在抚养教育自己的小孩时，不应忘记其他与自己没有血缘关系的小孩。

《孟子》里还说："不独亲其亲，不独子其子。"意思是说，不仅仅以自己的亲人为亲人，不仅仅以自己的子女为子女。

孟子要求对人生始终贯彻这样一种严格的生活准则：不符合社会道德要求的，哪怕是一丁点也不能给予别人；不符合社会道德要求的，哪怕是一丁点也不能取于别人。而对符合社会道德要求的利益，孟子认为自己去获取多少或给予别人多少都不过分。

孟子的孝悌与仁爱思想，是先秦古典文明孕育的绚丽结果。它同先秦、秦汉、秦汉时期以后其他思想学派的人文精神一道，共同构成了中华民族精神赖以建构和发展的宝贵资源。

观其志，观其行

子曰："父在，观其①志；父没，观其行；三年②无改于父之道③，可谓孝矣。"

有子曰："礼④之用，和⑤为贵。先王之道⑥，斯为美。小大由之，有所不行。知和而和，不以礼节之，亦不可行也。"

【注释】

①其：他的，指儿子，不是指父亲。

②三年：对于古人所说的数字不必过于机械地理解，只是说要经过一个较长的时间而已，不一定仅指三年的时间。

③道：有时候是一般意义上的名词，无论好坏、善恶都可以叫做道。但更多时候是积极意义的名词，表示善的、好的东西。这里表示"父亲生前的思想和行事"的意思。

④礼：在春秋时代，"礼"泛指奴隶社会的典章制度和道德规范。

⑤和：调和、协调。

⑥先王之道：指尧、舜、禹、汤、文、武等古代帝王的治世之道。

【解释】

孔子说："看一个人，他的父亲在世时，要观察他的志向；父亲死后，要考察他的行为。如果他长年不改变父亲所坚持的好的道德准则，这样的人就可以说做到孝了。"

有子说："礼的应用，以遇事做到和谐、恰当最为可贵。古代圣明君王治理国家的方法，可贵之处就在于这里。但不论大事小事只顾按和谐的办法去做，有的时候就行不通。这是因为为和谐而和谐，不以礼来节制和谐，也是不可行的。"

【故事】

周文王姬昌施行仁政

姬昌被封为西伯后，在治理岐山的过程中，他仿效祖父古公亶父和父亲季历制订的法度，实行仁政，礼贤下士，使岐山脚下的周族获得了前所未有的发展。

在对内方面，姬昌奉行德治，大力发展农业生产，采用划分田地，让农民助耕公田，纳九分之一税的办法。也就是征收租税有节制，让农民有所积蓄，以此来刺激劳动兴趣。他还规定商人往来不收关税，以及有人犯罪妻子不连坐等。

在对外方面，姬昌招贤纳士，广聚人才。许多外部落的人才以及从商王朝来投奔的贤士，他都以礼相待，予以任用。如伯夷、叔齐、太颠、闳夭、散宜生、鬻熊、辛甲等人，都先后归附姬昌称臣。

姬昌自己生活勤俭，穿普通人的衣服，还亲自到田间劳动，兢兢业业地治理自己的国家。在他的治理下，使岐山渐渐强大起来。

在当时，商朝的政治腐败，朝纲败坏。商纣王特别残暴，他利用炮烙之刑来取乐。炮烙，就是让犯人走在涂满润滑油的铜柱上，一滑倒就会倒在火坑里，顿时皮焦肉烂。

商纣的宠妃妲己看见人受炮烙的惨状却笑个不停。为了博得妲己一笑，商纣就经常对犯人实施炮烙之刑。商纣王的暴行引起了公愤。

姬昌对残暴的商纣王很是气愤。经过一番思考，他想利用炮烙之刑争取民心，提高自己在百姓中的威望。于是，姬昌来到朝歌，面见商纣王，说明来意，愿意献上岐山的一块土地，前提是商纣王必须废除炮烙之刑。

商纣王早听说人们对炮烙之刑意见很大，现在又能得到一块土地，就同意了姬昌的请求。

姬昌虽然损失了一块土地，但他得到广大诸侯的拥护，这为他兴周灭商创造了一个有利的条件。

岐山势力不断壮大，引起了商王朝君臣的不安。商纣王的亲信崇侯虎，暗中向商纣王进谗言说，西伯侯到处行善，树立自己的威信，诸侯都向往他，恐怕不利于商王。于是，商纣王趁姬昌来朝献地未归，将姬昌囚禁在羑里。

姬昌在囚禁期间，精心致力伏羲氏的先天八卦，发明"周文王八卦"和"周文王六十四卦"，流传于世。

姬昌的属臣为营救周文王出狱，搜求美女、宝马和珠玉献给商纣王。商纣王见了大喜，说："只要有美女就足够了，何况宝物如此之多！"

于是，他下令放姬昌出狱，

观其志，观其行

并授权他讨伐其他不听命的诸侯。这就是史书中说的周文王"羑里之厄"。

姬昌出狱后，下定决心灭商。为此，他遍访能人，以求灭商之策。

有一次，姬昌在渭水河边出猎时，巧遇年已垂老、怀才不遇的姜尚，当时他正在河边钓鱼。姬昌同他谈话，相互谈得很投机。

姬昌了解姜尚确有真才，便让姜尚与他同车而归，立以为师，共同筹划灭商策略。姜尚得遇知音，就在以后的日子里，为姬昌和他的后代立下了汗马功劳。

据《尚书·大传》记载：

> 姬昌在位的最后7年中干了6件大事：一是调解虞、芮两国的纠纷，以期两国能够和平相处；二是出兵伐犬戎，以解除东攻商的后顾之忧；三是攻打密须，解除了北边和西边后顾之忧；四是征服黎国，构成对商都朝歌威胁；五是兵伐邘国，进一步构成了对朝歌的直接威胁；六是灭掉崇国，将周的都城由岐山东迁渭水平原，建立丰京。

这6件大事做完后，姬昌实际已控制了大半个天下。相比之下，商朝因商纣王的残暴，众叛亲离，已处于极端孤立的境地。

就在大功即将告成之际，姬昌不幸去世了。葬于毕原。后来，他的儿子姬发在灭商之后，追尊先父为"周文王"。

周文王在我国历史上是一位名君圣人。后世的儒家，为了把道德与政治联系起来，把周文王当成一个"内圣外王"的典型加以推行，周文王的影响就越来越大了。

天文学的先驱甘德

我国是天文学发展最早的国家之一。由于农业生产和制定历法的需要，我们的祖先很早以前便开始观测天象，并用以定方位、定时间、定季节了。

春秋战国时期，天文历法有了较广泛的发展和进步。史学家司马迁在《史记历书》中说：

> 幽、厉之后，周室微，陪臣执政，史不记时，君不告朔，故畴
>
> 人子弟分散，或在诸夏，或在夷狄。

这里的"畴人"系指世代相传的天文历算家。当时各诸侯国出于农业生产和星占等的需要，都十分重视天文的观测记录和研究。据《晋书天文志》记载：

> 鲁有梓慎，晋有卜偃，郑有裨灶，宋有子韦，齐有甘德，楚有唐昧，
>
> 赵有尹皋，魏有石申夫，皆掌着天文，各论图验。

这种百家并立的情况对天象的观测以及行星恒星知识的提高，无疑起着积极的推动作用。

在诸家之中，最著名的是甘德石申夫两家。他们属同一时期的人。

甘德与石申精密观测金、木、水、火、土 5 个行星的运行，发现了 5 个行星出没的规律。他们发现黄道附近恒星的位置及其与北极的距离，是世界上最早的恒星表，代表了当时最高的天文学水平。

相传，甘德测定的恒星有 118 座，511 个。甘德对行星运动进行了长期观察和定时研究。他测出了木星的一个会合周期为 400 天，木星的恒星周期为 12 年，他还测出了金星的会合周期为 587 天，水星的会合周期为 126 天，火星的恒星周期为 1.9 年。

甘德的另一重大贡献是，在前 364 年用肉眼观测到了木星最亮的卫星——木卫二，比伽利略 1609 年发明了天文望远镜之后才发现木星卫星早了近 2000 年。此外，甘德还著有先秦浑天思想的代表作《浑天图》，以及《天文星占》8 卷、《甘氏四七法》等作品。

徐勉遗留子孙以清白

梁朝时中书令徐勉，一生身居高位，他严于律己，行事公正而谨慎，节俭不贪，不营置家产。平时所得的俸禄，大都分给了亲朋中的穷困者和贫苦百姓，因此家里没任何积蓄。

他的门客和老朋友中有人劝他为后代置点产业，他回答说："别人给子孙留下财产，我给子孙留下清白。子孙如有德能，他们自会创家业；如果他们不成材，即使我留下财产也没用。"

徐勉经常教导子女要重品行操守，他曾写信告诫儿子徐崧说："我们家世代清廉，所以平常日子过得清苦。至于置办产业这件事，从来就没有提及过，不仅仅是不经营而已。古人说：'把整筐的黄金留给子孙，不如教他们攻读一门经书。'

"仔细研究这些言论，的确不是空话。我虽然没什么才能，但有自己的心愿，幸得遵奉古人这个教训去做，就不敢半途而废。

"一些门人和老朋友都劝我趁有职有权时见机行事，购置田园留给你们，我都没有采纳。因为我认为只有将宝贵的清白遗留给后代，才能让后人享用无穷。"

吴与弼的儒学修养实践

宋代之后，理学继续发展，至明代，心学的出现，标志着理学发展到了一个新阶段。吴与弼是有明一代心性之学的开山祖师。事实上，没有吴与弼，不会有明代儒学的繁盛和蔚为大观。

吴与弼是继孔子之后的少数几位儒家之一，他的身体力行，他的涵养功夫，尤其是他的躬耕农事，在我国儒学的发展历程中几乎寻不到对手。

吴与弼幼年天资聪慧，与其他的小孩子日常行为很不一样。6岁入学，7岁学对句，八九岁在乡学读书时，对文学、天文、律历、医卜均有所学，即已崭露头角。16岁学诗赋，18岁习以科举之业。

1410年，19岁的吴与弼赴京侍奉时任国子监司业的父亲，在读朱熹所编的《伊洛渊源录》时，对道统的传心之精神颇感震撼和惊叹。于是，他谢绝了与人交往，独处小楼二年，专心攻读《四书》《五经》和"二程"、朱熹的语录，无意入仕途，决心以讲授理学，传播程朱理学思想为己任。

1411 年，吴与弼奉父母之命返乡完婚。在乡里，他一切行动都遵守儒家的礼仪规范。每次到京探望父亲，穿的都是布衣旧鞋。有人故意讥讽吴与弼的迂腐，甚至故意找茬和无事生非，但他均不动心，久而久之，这些乡民反而被他所感化。

中年以后，由于家境日贫，吴与弼亲自下田耕作，自食其力。对不义之举，一概不为；对不义之财，一概不取。

有一次，吴与弼在割水稻的时候，不小心手被镰刀划出血，然而他并没有包扎伤口，继续如初。这件事反映出他不动心和不为外物所胜的修养境界。

吴与弼在贫苦中学术功力和心性功夫突飞猛进，感悟颇多，每日记于册，多为枕上流泪、彻夜不眠和反复反思的心血结晶。又常梦到圣人模样，其修身功夫已经做到了浑然不露圭角的澄明之境。

观其志，观其行

由于吴与弼的品德和博学，各地的好学青年慕名而来，或三五结群，或独自跋山涉水不远千里而来，只要是有诚心肯学之辈，他都谆谆教诲。甚至招待学生食宿，以此远近闻名。

他采用点拨引导的方法，针对每个学生自身的素质和特点，采用不同的方法。又常教育青年从日常事务和平凡生活上做功夫，笃行修心，常入于农事之中，劳累后即学，学累后即游于山泉之中。

吴与弼的学生多为品德优良、德高望重和不求闻达的真儒。比如，娄凉原本是个性格刚毅的人，经过其教化，成为明代思想家王守仁的老师；胡居仁隐居山中，不入仕途，笃行心学，开余干一派；胡九韶学其师，以孔门贤人之志为志，过着一辈子的清苦生活；陈献章学其师，累次拒绝朝廷的高官厚禄，声名满天下。

由此可见，吴与弼的人格魅力对其学生有着多么大的吸引力，反映了他理想人格的永久价值和真生命。

吴与弼经常哀叹宋代末期笺注之书多而支离，令人眼花缭乱，难以取舍，于是不轻于著述。这一点颇像孔子。他留给我们的只有《康斋集》，主要由一些信、日记和诗组成。《康斋集》中的书信，内含其外王思想、治学经验、功夫方法论和修养心得，是不可多得的儒学研究资料。

当然更为重要的是日记，虽约 1.2 万余字，但句句关情，字字珠玑，其观察体验生活之深刻和密切可与《论语》相媲美。而他的 2000 多首诗更是其具体生活的写真，与书信和《日录》同样地重要。

吴与弼的"治国平天下"思想主要体现在他的《陈言十事》一文中。该文是他答谢当时皇帝的提拔之恩并准许他回家养病而作的；同时，更希望君王能够振兴政治、治理百姓、爱民如子，创造开明政治新局面。

吴与弼认为，君王自身加强德行修养，立圣人之志，广圣人之学，做天地间百姓和官员的人格典范，实乃是先秦儒学的基本信条和原则，希望借人格魅力和示范作用带动、示范政治运作。

吴与弼强调君王要做道德至圣。他以汤武事迹、孔子和子思的言行为例，希望君王不自满，能够日新笃恭，日省自戒，日刻铭以自戒，以进于盛德之地，并将这种至德广博天南地北四方。最后，天下人都尊亲配天，君王带动和示范天下之民的修养道德行为。

吴与弼的敏锐视角在于把握从政过程的基本精神，其开拓性视野值得称赞。其中不仅有儒、道、法3种不同观点的互相渗透与融合，也具有仁德义等价值的永久性魅力。就个人修养而言，吴与弼自19岁偶然接触《伊洛渊源录》后便大彻大悟，不思功名和仕途之念，以尽圣贤之域，便不断修心性之学以涵养性命。其谈书治学的途径和方法为当时和后世所借鉴。

吴与弼亲身于农耕之中，以体会学问的真谛。由于他早年过于苦读，后来磨难和生命过程给了他很大的启示，即读书勿贪功近利，重在涵养消化，玩味琢磨，不断体悟。他认为，读书的基本目的在于反诸身心和涵养身心，以获自得之趣；读书应述而不作，不求闻达，以理义养心，为己治学。不是把读书作为一种工具，而是做一个真正的自适、自得和自我的读书人。

吴与弼以儒学为正宗，兼顾史学、法家等其他学派，也不排斥老子之学，为有明一代开启心性之学。他不仅反复参透朱熹《大学》、《中庸》、《论语》、《孟子》及"五经"为学问德行之本，也参透诸学，反复贯通，不断参验于劳作之中，真正做到一位真儒的风范。

吴与弼认为盛世的形成常常是格物致知、诚意正心修身的功夫所造成的。他常常游走于江湖之中，遍及我国的大部分地区，他的近1400首诗也很大一部分为旅途诗。在山林水竹和幽雅的环境里，消化正宗儒学；寄情于诗歌之中，以抒其学习之乐苦和参悟之机。

在崇仁县郊的偏僻山村、大山和小溪，常有他的痕迹。他背着自己心爱的古琴，骑着一匹老马，携上自己的儿子和几个学生，或端坐于高山岩石之上，或凝立于山云之中，或授课于绿荫之下，或放怀于绿竹青草中，写几首诗，饮一点酒，弹几首古曲，放出勃勃生机。

崇仁县有着幽深的山林，有古树绿竹，自然环境优美，万物生意，清新可人。其密林浓荫，翠竹含绿，山林寂静，百树争春，四季常青，尤其是东南面山中之境，更是人间最幽处。难怪他总是凝立于竹林之中，久久不愿离去呢!

为了亲近自然，参悟天机，他费7年之功，搬家于山深云多处，可见其对自然环境的爱和向往。这样一种融治学于江湖自然之中，甚至是耕作之中的亲躬行为，实乃是真儒精神，也是其修养心性的绝好写照。

为了体验正宗圣贤学问，他抱多病之躯，远离大富大贵，远离都市便利和繁华，亲耕于崇仁县青石桥附近的偏僻之乡。

贫困之时，借米于邻家，雨天之时，屋漏无干处。生活虽然穷苦，但他一点都不觉得苦和痛，反而安贫乐道，心意泰然，真正地做到颜回的贫中取乐仍不改初衷、舍身取道的达儒精神。从这一个角度而言，他比其他的儒家更伟大，更亲近。

他常说，不从大患难经历过，难有真学问和真节操。在经历过大苦大难之后，开心性之学，而且他的心性功夫，比孔子、孟子的工夫来得更具体、更实在和更容易躬行。

为了去拜访朱熹的讲学之地，他不畏70多岁的高龄，过赣闽雄关，风餐露宿，冒风雨、顶炎热，入福建；他不仅拜访南宋哲学家和教育家陆九渊的祖籍地，还常常亲临此地，参悟儒学。

吴与弼的一生就是读书、做圣贤功夫、行走江湖、游览、亲耕、养心性，发儒学向工农商贾转向之端，推动了我国文化教育开始纵向传递传播，使儒学由上而下，走向社会下层民众，走向工农商贾，意义重大。

道德教育大家王守仁

如果说吴与弼是推动明代儒学走向社会下层民众，那么，王守仁则完成了第二次文化下移。

王守仁是明代著名的哲学家、教育家，心学集大成者。作为道德教育大家，他的教育思想体系核心是："致良知"，极大地丰富了儒家"修身、齐家、治国、平天下"的思想内涵。

王守仁是明代浙江余姚人。据有关史料记载，幼年的王守仁由于母亲早亡，父亲又忙于科举考试，非常受祖母溺爱，对他几乎没有约束，使得他所接受的是近乎放任式的教育。

童年时期的王守仁顽皮异常，经常逃课，不肯认真读书，尤其喜欢玩军事游戏，制作大小旗帜居中调度，左右旋转，颇有战阵之势。

王守仁少年时非常喜欢下棋，往往为此耽误功课。其父王华对儿子家教极严，虽屡次责备，总不稍改，一气之下，就把象棋投落河中。

王守仁心受震动，顿时感悟，当即写了一首诗寄托自己的志向：

> 象棋终日乐悠悠，苦被严亲一旦丢。
>
> 兵卒坠河皆不救，将军溺水一齐休。
>
> 马行千里随波去，象入三川逐浪游。
>
> 炮响一声天地震，忽然惊起卧龙愁。

王守仁 12 岁正式就读私塾。当时朝政腐败，义军四起。一次与塾师讨论何为天下最要紧之事，他就不同凡俗，认为"科举并非第一等要紧事"，天下最要紧的是读书做一个圣贤的人。

明英宗被蒙古瓦剌部所俘，朝廷赔款求和。这件事情在王阳明幼小的心中投下了巨大的阴影。他发誓一定要学好兵法，为国效忠。在他 15 岁的时候就屡次上书皇帝，献策平定农民起义，未果。

不久，他出游居庸关、山海关一月之久，纵观塞外，那时已经有经略四方之志。王守仁以诸葛亮自喻，决心要做一番事业。此后刻苦学习，学业大进。

骑术、射术、兵法，日趋精通。1499 年考取进士，授兵部主事。

在当时，朝廷上下都知道王守仁是博学之士，但提督军务太监张忠认为王守仁以文士授兵部主事，便蔑视王守仁。

有一次，张忠强令王守仁当众射箭，想以此让王守仁出丑。不料王守仁提起弯弓，轻松拉满，"刷刷刷"3 箭，三发三中，全军欢呼，令张忠十分尴尬。

王守仁做了 3 年兵部主事，突患肺病，以病告归，结庐于会稽山龙瑞宫旁之阳明洞。故世称"阳明先生"。王守仁病愈复职后，因反对宦官刘瑾，于 1506 年被贬谪贵州龙场驿丞。刘瑾被诛后，任庐陵县知事，累进南太仆寺少卿。

其时，军事家王琼任兵部尚书，以为王守仁有不世之才，荐举朝廷，擢右佥都御史，继任赣南巡抚。王守仁上马治军，下马治民，文官掌兵符，集文武谋略于一身，做事智敏，用兵神速。后来，王守仁拜江西巡抚，再调拜南京兵部尚书，封"新建伯"。因功高遭忌，辞官回乡讲学，在绍兴、余姚一带创建书院，宣讲"王学"。

王守仁从34岁开始，就从事讲学活动，直至去世。其中绝大部分时间均是一面从政，一面讲学。他所到之处，讲学活动不断，并热心建立书院、兴办社学、建立学校，对明代中期讲学之风的兴起和书院的勃兴起到了一定的推动作用。

作为道德教育大家，王守仁解读和批判"格物致知"说，主张"心即理"，首创"知行合一"说，对《孟子》中"良知"的说法进行发挥，提倡"存童心"，强调万物一体。其中的"修齐治平"思想颇值得玩味。

王守仁对于"格物致知"说的解读和批判体现在两个方面：一是从道德修养的角度解读其理论的内在矛盾；一是从朱熹身后的影响来批判"格物致知"说的"学术之弊"。

从前一个方面看，由于王守仁年轻时期曾一度笃信朱学的格物说，然而当他用这种方法去进行个人的道德修养时，便发现无论是物去穷理，还是循序而读书，都不足以解决个人的道德修养问题。

为了实践朱熹的"格物致知"，有一次王守仁下决心穷竹之理，"格"了7天7夜的竹子，什么都没有发现，人却因此病倒。从此，他对"格物"学说产生了极大的怀疑。

鉴于朱学的"格物致知"的教训，王守仁主张心即理，并据此提出"知行合一"的口号，决心创立良知之学，用一种注重身心修养的学说来取代朱熹沉溺辞章、博而寡要、支离决裂的"格物致知"说。

经过多年的教育实践，王守仁在"致良知"的体系下，提出了"知行合一"的道德教育主张。王守仁认为，要做到"知行合一"，首先要能够静下心来，摒弃自己的私心杂念。光是自己坐在那里想还是不行的，如果人老是坐在那里"冥思苦想"，坐久了就会出现一些问题，比如"喜欢安静，讨厌活动"，甚至成为"痴呆汉"，因此人还要多在"事上磨炼"，做到"知行合一"，这才是道德的完成。

他认为，人在道德修养上要多多结合具体的情况，加以实践，倘若只是空想，遇到事情的时候就乱了，不去努力实践，那平时所想的功夫，也就没什么意义了。

王守仁曾经举过一个例子：当有一个人看见一个小孩子掉到井里面，必然会动恻隐之心，倘若顺着这种恻隐之心的自然发展，他必定会奔走呼救，这就是"知行合一"，也就是王守仁所说的"知是行之始，行是知之成"。

但是，倘若这个人此时转念，畏惧艰险，或者因为和孩子的父母关系不好而不前往，就是有"知"而"无行"了。

在王守仁所处的年代，儿童教育存在诸多弊端。如只注重教会儿童一些章句之学，只知道对儿童进行鞭打、体罚等粗暴的管教等。王守仁不仅对这种教育方法进行了严厉的批评，而且也提出了他的儿童教育主张。

他认为，教育儿童时要努力适应儿童的"童心"，顺应儿童的性情，鼓舞他们学习的兴趣，调动他们的学习积极性、主动性、创造性，这样才能够使儿童觉得学习是有意思的，从而自觉接受教育。

其实，王守仁的这种儿童教育主张仍然是他"致良知"心学思想的体现，他提倡通过"存童心"，也就是顺应儿童的性情发展进行教育，来唤起儿童心中所固有的"良知"，从而实现"致良知"的目的。

王守仁是儒学大家，他的教育思想在明代中后期的思想界曾经风靡一时，一度取代了程朱理学的地位，左右了我国思想界长达百年之久。

信近于义，恭近于礼

有子曰："信近①于义②，言可复③也；恭近于礼，远④耻辱也；因⑤不失其亲，亦可宗⑥也。"

子曰："君子食无求饱，居无求安，敏于事而慎于言，就⑦有道⑧而正⑨焉，可谓好学也已。"

【注释】

①近：接近、符合的意思。

②义：指思想和行为符合一定的标准。

③复：实践的意思。

④远：动词，使动用法，使之远离的意思，此外亦可以译为避免。

⑤因：同"姻"，指姻亲，如外祖父家。

⑥宗：家族。

⑦就：靠近、看齐。

⑧有道：指有道德的人。

⑨正：匡正、端正。

【解释】

有子说："讲信用要符合义，这才能实行；恭敬要符合礼，这才能远离耻辱；姻亲如果不失亲近，也可以视为可依靠的同宗。"

孔子说："君子，饮食不求饱足，居住不要求舒适，对工作勤劳敏捷，说话小心谨慎，若再能到有道的人那里去匡正自己，这样就可以说是好学了。"

中华传统天帝信仰起源

那还是我国人文始祖尧帝传位给舜时，在帝位交接的那一天，举行了庄严而隆重的禅让大典。尧对舜说道：

咨！尔舜！天之历数在尔躬。允执其中。四海困穷，天禄永终。

意思是说：嗨！你，舜！上天安排的使命落在你的身上。你要真诚地把握正确的原则。如果天下政治混乱、百姓贫困，上天给你的禄位就永远完结了。

这一句话表明，尧已经将上天的神圣使命托付给了舜，并告诫舜，要忠于这份神圣的使命，强调舜对天下人肩负的重大责任。

在舜的时候，有一个叫伯益的人，在他10岁的时候，便接替父亲的职位，担任早期华夏族主干的东夷部落联盟首领。他把东夷部落联盟治理得井井有条，成为当时华夏境内最强盛的部落。

帝舜征召伯益做主管畜牧业的主官，这是当时华夏大部落联盟的第一大生产管理部门。伯益也治理得很好，确保了当时遭受空前的大洪水的早期华夏先民不被饿死而灭绝。这令帝舜非常高兴，便任命他为大禹治水的第一助手。

伯益与大禹一起并肩奋斗了13年，终于取得治水的彻底胜利。他和大禹都受到了舜的表扬奖励，大禹被舜奖了一块玉，而伯益则得到了一面奖旗。帝舜还把自己的女儿嫁给了伯益做妻子，并让伯益主管灾后重建的全面工作。

据说，由于伯益各方面工作都很出色，舜曾经想把大部落联盟首领的职位禅让给他。但是伯益拒绝了，舜于是才把大禹选做自己的继承人，并要求大禹之后必须把职位禅让给伯益。

在舜禅让帝位给禹的时候，舜也说了尧帝那句话，说上天把神圣使命托付给了禹，强调禹要担负起天下人的重大责任。

伯益不仅治水成就卓著，而且在治水过程中还立下了其他功劳。在遭受洪水侵袭的地方，他根据当地地势低洼的特点，教给民众种植稻谷，促进了农业的发展。他还发明了凿井技术，使得北方广大平原地区逐渐得以开发。

伯益在政治上也很有建树。他曾告诫大禹，凡事要有前瞻性，要虑事周全。不要违背法则、制度，不要过度游乐享受，不要违背规律去追求百姓的称誉，不要违反民意而满足自己的欲望。治国不能懈怠，政事不能荒废，谦虚会受到益处，自满能导致失败，要选贤任能、除奸去邪等。

伯益在处理民族矛盾方面，也表现出了远见卓识。在舜时，三苗族离心离德，舜便派大禹武力征服。三苗不服，伯益提议，要德武相济。大禹接受了伯益建议，撤退军队，实行文教德治，三苗族受到感化终于归顺。

伯益提倡德治，认为只要由衷地信奉帝尧所代表的仁德，治国之谋就会取得成功，群臣辅弼君王就会彼此和谐，方方面面的朝政就会相得益彰。

大禹继承帝位后，建立了我国历史上第一个奴隶制王朝夏王朝。大禹到了年老的时候，他准备将帝位禅让给伯益，但伯益在长期帮助大禹的时候得罪了一些部落首领，这些部落首领联合起来支持大禹儿子启继承帝位。

有一些部落也支持伯益继位，于是，两派之间爆发了激烈的冲突，最后支持伯益的一派失败了，夏启继承了帝位。

夏王朝到第十六代君主夏桀的时期，年年发生天灾人祸，夏桀对内采取高压政策，对外实施武力扩张，结果闹得众叛亲离。这时，诸侯王商汤起兵讨伐夏桀，并采用祭拜天帝的仪式，他非常虔诚恭敬地向上天宣布：

> 我不敢私下赦免人世间的邪恶，这点不敢有一丝隐瞒，拳拳之
> 心尽在你的掌握中。如果我有过错，我不会推诿给人世间。但是，
> 假如人世间发生了邪恶，那都是我的过错和责任呀！

商汤巧妙地借助祭天仪式，成功赋了自身天帝代言人的身份，把自己看作天帝儿子，称作"天子"。商汤打败了夏桀，拯救了广大人民，建立了商王朝。从此以后，人们也就对商汤这个自封的"天子"深信不疑。商王朝开创了我国古代将对神的信仰置于世俗强权之下的格局。

商王传十七代至纣王时，实行强权政治，以至于人们开始反叛商的恐怖天命。当时位于西边岐山的西伯侯姬昌，则针锋相对地提出了"仁"，他宣告天帝是仁慈的，于是大获民心，力量也日渐强大。

后来姬发在公开讨伐商纣时，发表了一份宣言：

> 周有大赉，善人是富。虽有周亲，不如仁人。百姓有过，在予一人。

意思是说：周王朝实行分封之事，使善人富贵起来。虽然有血缘至亲的人，但比不上有仁德高尚的人。即使人民有了过错，上天也只会惩罚"天子"一人。周王朝尚文，以人为本，以德治天下，周的立国中心思想是"善人是富"。

姬发这些话都是针对商的恐怖可畏的天命而说的，目的是为了消除人民对商天命代言人的畏惧迷信心理。他于是打败了商纣王，拯救了人民，建立了西周政权，称为"周武王"，人民也信赖这个行"仁"的天命代言人。

周王朝的国君皆以天帝代言人自居，并通过在泰山封禅祭天的形式，好像一切都依据天帝的命令行事。此后的儒家继承了中华天帝信仰的传统，并历代祭天延绵不绝。后来到了春秋战国之时，随着思想的进步，人文理性精神勃发，认为神为人创，民为神主，上古神秘观念已经逐渐消失了。

由于"皇天上帝"的概念渐渐由自然之"天"所取代，而"天"为道德民意之化身，这就构成了我国后世文化信仰的一个基础，而"敬天祭祖"便成为我国传统文化中最基本的信仰要素。

周武王姬发继承王位

周文王去世后，他的次子姬发继承王位，这就是周武王。周武王为了完成父亲灭商的遗愿，加紧筹备，采取了一系列措施。

在对内方面，周武王重用贤良，继续让姜尚做军师，让弟弟姬旦做太宰，召公、毕公、康叔、丹季等良臣均各有其位，人才荟萃，政治蒸蒸日上。

在对外方面，周武王争取联合更多诸侯国，孤立商王朝，壮大自己的力量。

此时，商朝在暴君商纣王统治下，政治上已十分腐败，但军事上仍有较强实力。周武王审时度势，在即位的第二年，为了试探商纣王对周人备战活动的反映，就发动了一次"孟津观兵"。

周武王的大军由镐京出发，进入今河南省境内，到达古渡孟津。这时，早已恨透商纣王的各路诸侯，自动来参加盟会的诸侯有800多人。史称："八百诸侯会孟津"。

周武王在盟会上举行了誓师仪式，发布了誓词，这就是有名的《泰誓》。此时，人心向周、商纣王孤立无援的形势已形成。

参加盟会的诸侯劝他立即伐纣。但周武王却说道："伐纣还不是时候，决定班师回西土等待时机。"

这次孟津观兵，表面上是为了进行军事演习，但实际上是为了试探伐商的可能性。

商纣王依然故我，越发昏庸暴虐，就在周兵与诸侯会盟孟津的两年后，他杀了王子比干，囚禁了箕子，太师疵、少师疆见状被迫逃离朝歌。而商纣王宠幸妲己，唯妇人言是听。妲己干涉政治，商王朝内部矛盾更加激化。

周武王认为时机已到，果断决定发兵伐纣，进行灭殷的最后决战。

公元前1046年，周武王亲率战车300乘，精锐武士3000人，以及步兵数万人，出兵东征。同年二月，周军抵达孟津，与卢、彭、蜀、羌等边境部族会合，联军总数达4.5万人。

在誓师大会上，周武王向全军将士发表誓词，即《尚书·牧誓》，列举商纣王只听妲己之言，不祭祀祖先、不任用宗亲贵戚，只信任四方有罪逃犯等罪状，说明自己是恭行"上天之意"给以惩罚。他要求将士，严明纪律，勇敢作战，战胜敌军。

《诗经》记载："牧野洋洋，……时维鹰扬。凉彼武王，肆伐大商，会期清明。"

誓师之后，联军冒雨东进，从孟津渡黄河后，兼程北上，至百泉折东而进。

商纣王惊闻周军来袭，而此时商军主力远在东南地区，无法及时征调，只好仓促武装大批奴隶和战俘，连同守卫国都的军队，开赴牧野迎战。

据《史记》记载，商纣王出动的总兵力有70万人。

周军先由姜尚率数百名精兵上前挑战，震慑商军并冲乱其阵脚。然后，周武王亲率主力跟进冲杀，将对方的阵形彻底打乱。

商军中的奴隶和战俘全无斗志，纷纷倒戈，商军迅速崩溃。商纣王大败逃入朝歌，登鹿台自焚而死。至此，商朝灭亡。

牧野之战是我国历史上以少胜多，以弱胜强，先发制人的著名战例，也是我国古代车战初期的著名战例。它终止了600年的商王朝，确立了西周王朝的统治，为西周时期礼乐文明的全面兴盛开辟了道路。

牧野之战中所体现的谋略和作战艺术，也对我国古代军事思想的发展具有不可低估的意义。

在牧野之战后，周武王指挥联军兵分4路，向东南方进发，去征伐忠于商朝的诸侯势力。

为了巩固自己的统治，周武王采纳了周公对商朝遗民进行安抚以稳定天下形势的办法。以公、侯、伯、子、男五等爵位分封亲属和功臣，让他们建立诸侯国。

如封姜尚于临淄为齐国；封周公于曲阜为鲁国。他还将商纣王之子武庚留在商都，封为殷侯。这些措施，有效地安定了商的遗民，减少他们的敌对情绪。

与此同时，周武王又释放囚犯，赈济贫民，发展生产，从而促进了西周初年政治经济的稳定和发展，推动了社会的前进。

西周建立后的第三年，周武王因病去世。其子姬诵继位，这就是周成王。

周武王攻灭商朝后建立的西周，是我国历史上第三个奴隶制王朝。周武王建立的新王朝代替了腐朽的旧王朝，使他成为历史上有名的国王之一。

周幽王博笑烽火戏诸侯

西周最后一个王是周幽王。周幽王什么国家大事都不管，光知道吃喝玩乐，打发人到处找美女。有个大臣名褒珦劝谏幽王，周幽王不但不听，反而把褒珦下了监狱。褒珦的家人在乡下买了一个漂亮的姑娘，叫褒姒。幽王得了褒姒，就把褒珦放了。幽王为了博得褒姒一笑出了一个赏格：有谁能让王妃娘娘笑一下，就赏他一千两金子。

有个叫虢石父的人出了一个鬼主意："周王朝为了防备犬戎的进攻，在骊山一带造了20多座烽火台，请大王跟娘娘上骊山去玩几天。到了晚上，把烽火点起来，让附近的诸侯见了赶来，上个大当，娘娘见了保管会笑。"

他们上了骊山，真地把烽火点了起来。临近的诸侯以为犬戎打过来，赶快带领兵马来救，谁知上了当，憋了一肚子气回去了。褒姒知道了还真地笑了一下，虢石父也得了1000两金子。

后来犬戎进攻镐京，烽火点起来时诸侯因为上次上了当，谁也不来理会他们。犬戎的人马像潮水一样涌进城来，把周幽王、虢石父和褒姒的儿子伯服杀了，把那个不露笑脸的褒姒也给抢走了。

孔子创建儒家思想体系

仲尼最后回到鲁国，除了偶尔对现实发表一些议论外，基本是只发言不行动，他将精力主要用在了培养弟子和整理古代文化典籍上。

仲尼为了编著好《易传》，在晚年刻苦研读《易》。时而凝神端详，时而放声读之，时而持笔书写，不久，把《易》精读了一遍，了解了全书的内容；又细读了第二遍，基本掌握了书中的要点；接着，潜心精读了第三遍，更透彻地把握住了《易》的实质。

此后，仲尼结合写作与教学，不知又将《易》书翻阅了多少遍。这样，读来翻去，把串联竹简书的熟牛皮带子磨断了3次，史称"韦编三绝"。

其实，"三"是个概数，表示多次。就是说，仲尼读的那部《易》书的熟牛皮带子被磨断了多次。每次磨断之后，弟子帮助老师用新牛皮带子把竹简串好，继续研读。通过反复阅读琢磨，仲尼对《易》达到了融会贯通，在以前边读边写的基础上，开始系统地编写《易传》。

在编著《易传》的同时，仲尼又在老子思想的基础上加以吸收、改造和创新，早期的儒家学派终于诞生了。

儒家学派的目的与功能不外乎道德问题。在当时的社会背景下，道德问题说到底就是个礼制问题。儒家学派的创建是一个艰难而漫长的过程。仲尼在垂暮之年总结自己的思想进程时说：

吾十有五而志于学，三十而立，四十而不惑，五十而知天命，六十而耳顺，七十而从心所欲，不逾矩。

可见，仲尼在年轻时就有了远大的志向，但他一生中的挫折也是众所周知的。所以，儒家学派的出现应该是仲尼晚年的事情了。

仲尼自称"三十而立"。仲尼年轻时以办私学成名，他的贵族后裔身份也得到鲁国贵族的承认。仲尼当初到东周王都洛阳"问礼"，并会见了做史官的老子，真正得以系统地接触周官典籍，并全面检讨"周礼"，就始于此时。

在周游列国的 14 年间，仲尼一面教导弟子，一面上下求索。从"四十而不惑"至"五十而知天命"，仲尼走向成熟，创立了自己的理论体系。

在这一时期，仲尼在理论上的最大成就，就是用"仁"对"礼"进行改造，提出并完善了他的"仁学"理论。对于夏、商、周三代的礼制，仲尼最赞赏的是周礼，认为它综合了夏商之礼的优点。

在仲尼看来，周礼不仅继承了夏、商之礼的许多形式和"亲亲"、"尊尊"的核心内容，而且还大大地增加了夏商之礼所缺乏的道德理性精神，他把"有德"、"无德"作为了遵礼与否的主要标准。

仲尼顺此前进，进一步阐发和弘扬礼的道德性，用"仁"对礼进行改造和充实，从而把礼提到一个新的高度。"仁"字在仲尼以前的文献中已经出现，是一个从"亲亲"、"尊尊"引申出来的爱有等差的道德观念。

仲尼的"仁"的理论丰富了仁的内涵和外延。仅在《论语》一书中，谈"仁"的条目就有 100 多处。仲尼的"仁"又成为处理人际关系的准则，即所有人都从"爱人"的原则出发，从积极方面讲，要帮助别人立起来和发达起来；从消极方面讲，是不要把自己厌恶的东西推给别人。

仲尼还提出对执政者个人修养的要求，要求他们"律己正人"，做社会的表率、百姓的榜样。"德治"是治理者的内在德行、人格修养在国家治理中的体现，即所谓的儒家理想人格的最终目标："内圣外王"之学。因此，就有了仲尼说："其身正，不令而行；其身不正，虽令不从。"

作为教育家，仲尼的理想人格楷模是做一个仁人君子。在他看来，仁人君子不仅要有宏远的理想和对于这种理想的执着追求，而且更要通过长期不倦的自身修养实现崇高的君子人格。

仲尼所说的仁人君子忠于自己的理想，相信自己的价值，在任何时候和任何地方都使自己的行动符合仁义的原则。

仲尼既反对夸夸其谈，自吹自擂，言而无行，言过其行，要求脚踏实地，身体力行，切切实实干出成绩；又反对顽固不化，盲目蛮干，不撞南墙不回头，明知不对也硬干的作风。要求君子谨慎求实，随时准备修正自己的言行，老老实实地改正错误。

君子一定要敢于坚持真理，也必须随时修正错误。要求君子尽量与社会上的各类人建立良好的关系。他广泛论述了君子与国君、朋友、父母、兄弟以及其他人相处的关系，特别强调"礼"对这种关系的约束。

这就要求，人们对待亲族包括父母兄弟妻子儿女要厚道，对国君和上级不僭越、不献媚，对下级不盛气凌人和威胁利诱。成全别人的好事，不去促进别人的坏事。

"中庸"是仲尼的重要理论之一。他说："中庸作为一种道德，是至高无上的啊！老百姓缺乏这种道德已经很久了。"中庸究竟是什么意思呢？中庸的意思就是使事物矛盾对立的双方都在一定限度内发展，从而使事物保持自己质的稳定性，永远处于一种统一和谐的境界。

仲尼意识到了保持事物质的稳定性的重要性。仲尼看到，在社会生活中，君臣、臣民、官民、列国、父子、夫妻、兄弟等，都是对立统一的一对矛盾。为了保持彼此之间统一和谐的关系，彼此的行动都要有一个"度"，超过或不足都会破坏这种统一和谐的关系。

仲尼的中庸学说是一种治国的艺术、处世的艺术和自我修养的艺术。中庸学说推进了礼学的深化，并使仲尼的正名说向前发展了一步。其中心目的，不外乎要求人们正视自己的等级名分，一切都在礼的框架内活动，以求得上下关系的和谐与社会的安宁。

除了"仁"这一治国思想外，仲尼所创立的儒家思想，还包括教育和美学两方面的内容。

在教育方面仲尼首次提出"有教无类"，认为世界上一切人都享有受教育的权利。在教育实践上，仲尼提出了很好的建议：教师在教书育人的过程中应该"诲人不倦""循循善诱""因材施教"。他认为学生应该有好的学习方法如"举一反三""温故而知新"；学习还要结合思考"学而不思则罔，思而不学则殆"，好学"三人行必有我师"；学习态度要端正。仲尼的教育思想，至今仍然有启发和教育的重要意义。

信近于义，恭近于礼

仲尼的弟子子路请教先生："听说一个主张很好，是不是应该马上实行呢？"

仲尼说："还有比你更有经验、有阅历的父兄呢！你应该先向他们请教请教再说，哪里能马上就着手去做呢？"

冉有也以相同的问题请教先生："听说一个人的主张很好，是不是应该马上实行呢？"

仲尼却答道："当然应该马上实行。"

公西华看到同是一个问题而先生给出的答复却不同，他觉得不可理解。仔细思索了一番，仍然是想不出所以然来，便去向先生求教。

仲尼说："冉有这个人遇事常常畏缩，所以要鼓励他勇敢；子路遇事轻率，常常鲁莽行事，所以要叮嘱他处事慎重。"这就是仲尼因材施教的一极好的例子。

人与人的个性是不同的，显然处事的方法和结果也不一样。作为一个老师，就要针对学生不同的特点，采取不同的方式来施教。这样才能充分发挥个人的特长。

在美学方面，仲尼的美学思想核心为"美"和"善"的统一，也是形式与内容的统一。

仲尼提倡"诗教"，即把文学艺术和政治道德结合起来，把文学艺术当作改变社会和政治的手段，陶冶情操的重要方式。并且仲尼认为，一个完人，应该在诗、礼、乐修身成性。仲尼的美学思想对后世的文艺理论产生了巨大的影响。

中华民族礼貌友善、温良忠厚和认真刻苦的气质，也是在儒家的教化下逐渐形成的。儒家思想规定了我国文化的特质，造就了中华民族的风骨，塑造了中华民族的基本精神面貌。儒家思想对我国社会的巩固、发展和延续都起过极其重要的作用。

"二戴"总结儒家精髓

继董仲舒之后，西汉时期儒者对儒家"修身、齐家、治国、平天下"思想有突出贡献的，当属戴德、戴圣叔侄两人，后世称之为"二戴"。

戴德，汉代礼貌学家，今文礼学"大戴学"的开创者。世称"大戴"。戴氏原为春秋时子姓，宋戴公后裔，传至戴德，世居魏郡斥丘，即现在河北省的成安县。

戴圣，西汉时期梁国睢阳，即现在的河南省商丘市。西汉时期官员、学者，汉代今文经学的开创者。世称"小戴"。

戴德、戴圣叔侄相遇，带有极大的偶然性。正是冥冥之中的巧遇，加上此后的共同努力，才使他们得以总结概括前人修身、齐家、治国、平天下的思想实践，使之成为儒家思想的重要组成部分。

那是在西汉元帝时，有一次，著名礼学家戴德回家过年，按传统风俗，腊月三十午后，各家都要去祖茔请祖先回家供奉。戴德来到坟地后，发现每个坟前都有烧纸的灰烬，石供桌旁有一个十二三岁的男孩抱头和衣而眠，就赶忙唤醒孩子问话。

小孩醒来看到眼前站着一位官吏，赶紧起来施礼。戴德问道："你不在家过年，为何睡在这里？"

"奉家母之命，来此祭祖，因赶路疲劳，想稍歇一会儿再走，不觉就睡着了。"小孩答道。

"你祭哪家之祖？你父亲叫什么名字？"戴德问。

"我祭戴氏家祖，先父名讳戴行。"小孩指着坟茔说。

戴德一听是兄长之子，真是又惊又喜，忙说："孩子，我是你的叔叔呀！"

小孩曾经听母亲说有个在朝做官的叔父，今天终于见到了，当然高兴，急忙下跪。

戴德高兴得哈哈大笑，随之询问了一些情况，小孩一一做了回答。

祭祀完毕，戴德带侄儿回到家中。过完年后，戴德将侄儿带到任上，取名戴圣，供其读书。

戴圣天资聪颖，又肯吃苦，进步很快。后于朝廷选贤考试中名列榜首，本应委以重任，但当时汉代规定，一家人不准同时在朝奉君。

戴圣据理力争，陈述了"国家兴旺之道，在于不拘一格用人才"的道理，并辩解说："我与戴德不是一个戴家人，他是大戴，我乃小戴。"后被录用，与戴德同朝居官。

信近于义，恭近于礼

自从董仲舒提倡"罢黜百家,独尊儒术"后，西汉朝廷把5种儒家经典著作《易》《尚书》《诗》《礼》《春秋》作为学校讲授的主要内容，这5种著作即称为"五经"。汉武帝还为此专设五经博士进行讲授。

在这之后，解说"五经"者越来越多，但也出现了经越说越细碎，歧见异说越来越多的情况，使学员不知所从。为此，汉宣帝在公元前 51 年，于石渠阁亲自主持御前会议，"诏诸儒讲五经同异"，评定其正误。

"二戴"作为礼学专家，将古今记述、论述解释礼仪的文章收集起来，加以整理，编成《礼记》一书。

本书内容主要是记录孔子和弟子等的问答，记述修身做人的准则，其内容广博，门类杂多，涉及政治、法律、道德、哲学、历史、祭祀、日常生活、历法、地理等诸多方面，几乎包罗万象，集中体现了先秦儒家的政治、哲学和伦理思想，是研究先秦社会的重要资料。

《礼记》中的《大学》有两个版本体系：一是古本《大学》，即戴德、戴圣按原有次序排列的原文；二是后来经南宋理学家朱熹编排整理，划分为经、传的《大学章句》本。

《大学》从成篇直至北宋儒学复兴之前的千余年间，作为经学化的《礼记》中的一篇，并未受到特别的重视。此间虽有郑玄为之作注，孔颖达为之作疏，却都是并《礼记》而行。虽然如此，《大学》所秉承的往圣先贤德行伦理政治之道，却并未中绝。

事实上，在"二戴"按次排序完成古本《大学》之前，远古先民就已经进行修身、齐家、治国、平天下了。"二戴"正是在丰富史料的基础上，对源远流长的大学之道进行了概括。

据《尚书·虞书·尧典》记载：古代传说中的帝尧，严肃恭谨，明察是非，善于治理天下，宽宏温和，诚实尽职，能够让贤，光辉普照四面八方，以至于天上地下。

他能够明察有才有德之人，使同族人亲密团结。族人亲密和睦了，又明察和表彰有善行的百官，协调诸侯各国的关系，民众也随之变得友善和睦起来了。由此可见，帝尧修德行仁的从政方式。而帝尧的后继者们，同样遵循先贤道统。

舜慎重地赞美父义、母慈、兄友、弟恭、子孝五种常法，人们都能顺从。舜总理百官，百官都能承顺。舜在明堂四门迎接四方宾客，四方宾客都肃然起敬。

大禹强调君主能重视做君主的道理，臣下能够重视做臣下的职务，政事就能治理，众民就能勉力于德行了。

商汤不亲近歌舞女色，不聚敛金钱财物。勉励品德之人给予官位，勉励功绩之人给予奖赏。任用别人就像任用自己一样深信不疑，改正过错后就无遗憾。能够宽厚能够仁爱，对亿万人民明确地显示了诚信。

周文王给自己的妻子做榜样，推广到兄弟，进而治理好一家一国；周武王完成了周文王的事业，不敢丢弃周文王的善德，谋求顺从周文王宽容的美德；周公同心同德辅佐天子，考察记载成绩突出的人，用自强不息的道理来训诲下级官员。官员们敬天顺民、恒守常法，安抚百姓，用德政给人民带来富足与安宁的生活。

这种源远流长的德行政治实践传统，被"二戴"以前的历代政治家和思想家概括为理论性教言，从而凸显了从内在成德到外在立功之先后次序的记述和论说。

以《大学》为儒学进路的从主体终生不辍的德行修养，到由近及远地成就其社会政治事功的大学之道，乃是儒家先贤之垂范而一以贯之的实践和学思传统。这恰恰就是由"二戴"《大学》所经典表述的大学之道得以形成的深厚思想资源。

"二戴"将修身、齐家、治国、平天下作为一个人修为的重要组成部分。

他们认为，每个人都不是孤立的个体，选择离群索居是不可取的。所以，修身、齐家、治国、平天下，是一个连续的过程，也是一个人的价值逐渐实现的过程，而不是外在强加给人的义务。

2000 多年来，我国一代又一代知识分子以修身、齐家、治国、平天下为崇高的指导，"穷则独善其身，达则兼济天下"，铸造了强健的人格心理，时至今日，仍然发挥着潜移默化的作用。

战国天文学家石申

石申，生于公元前 4 世纪，据《史记·天官书》记载，在我国的战国时期，著名的天文学家有 4 位：

在齐，甘公；楚，唐昧；赵，尹皋；魏，石申。

这里提到的魏国人，便是石申。《史记》中还说，这 4 位天文学家都有占星术的著作，在他们的著作中，还同时记录着战国时期的战乱形势，记录着政治事件的各种各样的说法，即：

田氏篡齐，三家分晋，并为战国。争于攻取，兵革更起，城邑数屠，因以饥馑疾疫焦苦，臣主共忧患，其察视祥候星气尤急，近世十二诸侯七国相王，言从（纵）衡者继踵，而皋、唐、甘、石因时务论其书传，故其占验凌杂米盐。

《史记正义》中还引南朝时代梁阮孝绪的《七录》说：

石申，魏人，战国时作《天文》八卷也。

这里提到的《天文》8卷就是和甘德所著的《天文星占》合称《甘石星经》的作品。不过，据说，这部《天文》8卷后来并没能完整地保存下来。

不过，在《汉书·天文志》中引述的石申著作的零星片断，可以使我们窥见石申在天文学和占星术两个方面的研究内容：

岁星赢而东南，《石氏》"见彗星"……赢东北，《石氏》"见觉星"；缩西市，《石氏》"见檀云，如牛"；缩西北，《石氏》"见枪云，如马"。《石氏》"枪、檀、棓、彗异状，其殃一也，必有破国乱君，伏死其辜，余殃不尽，为旱、凶、饥、暴疾"。

从这些片断可以知道，石申在天文学方面的贡献，是他与甘德所测定并精密记录下的黄道附近恒星位置及其与北极的距离，是世界上最古的恒星表。

相传他所测定的恒星，有138座，共880颗。从唐代《开元占经》中保存下来的石申著作内容看，其中最重要的是标有"石氏曰"的121颗恒星的坐标位置。现代天文学家根据对不同时代天象的计算来验证，表明其中一部分坐标值可能是汉代所测；另一部分，如二十八宿距度等则确与公元前4世纪，即石申的时代相合。

同时，石申与甘德在战国秦汉时影响很大，形成并列的两大学派。汉、魏以后，石氏学派续有著述，这些书都冠有"石氏"字样，如《石氏星经簿赞》等。

三国时代，吴太史令陈卓总合石氏、甘氏，以及殷商时代的天文学家巫咸为三家星官，构成283官、1464星的星座体系。从此以后，出现了综合三家星官的占星著作，其中有一种称为《星经》，又称为《通占大象历星经》，曾收入《道藏》。

该书在宋代称《甘石星经》，托名为"汉甘公、石申著"，始见于晁公武《郡斋读书志》的著录，流传至今。书中包括巫咸这一家的星官，还杂有唐代的地名，因此，后来的《甘石星经》并不能看作是石申与甘德的原著。

信近于义，恭近于礼

贫而无谄，富而无骄

子贡曰："贫而无谄^①，富而无骄，何如^②？"子曰："可也。未若贫而乐^③，富而好礼者也。"

子贡曰："《诗》云'如切如磋，如琢如磨^④'，其斯之谓与？"子曰："赐^⑤也，始可与言《诗》已矣，告诸往而知来者^⑥。"

【注释】

①谄：意为巴结、奉承。

②何如：《论语》书中的"何如"，都可以译为"怎么样"。

③贫而乐：一本作"贫而乐道"。

④如切如磋，如琢如磨：有两种解释：一说切磋琢磨分别指对骨、象牙、玉、石四种不同材料的加工，否则不能成器；一说加工象牙和骨，切了还要磋，加工玉石，琢了还要磨，有研讨、探求之意。

⑤赐：子贡名，孔子对学生都称其名。

⑥告诸往而知来者：诸，同之；往，过去的事情；来，未来的事情。

【解释】

子贡说："贫穷而能不谄媚，富有而能不骄傲自大，怎么样？"孔子说："这也算可以了。但是还不如虽贫穷却乐于道，虽富裕而又好礼之人。"

子贡说："《诗》上说'要像对待骨、角、象牙、玉石一样，切磋它，琢磨它'，就是讲的这个意思吧？"孔子说："赐呀！你能从我已经讲过的话中领会到我还没有说到的意思，举一反三，我可以同你谈论《诗》了。"

【故事】

楚庄王熊侣重用贤能

楚庄王于公元前613年登基，即位之初，他常沉迷声色，荒于政事，并下令拒绝一切劝谏，胆敢违令者"杀无赦"。

大臣伍举以隐言进谏，称楚国高地有一大鸟，栖息三年，不飞不鸣，不知是什么鸟。

当时楚庄王即位已经第三年，他知道伍举在以大鸟讽喻自己，于是回答说："大鸟三年不飞，飞则冲天；三年不鸣，鸣必惊人。"

然而，此后几个月，楚庄王依然如故，仍旧以淫乐为好。大夫苏从便冒死再次进谏，庄王最终听从了劝告，以后奋起图治。

还有一件事值得一提。

楚庄王有一匹心爱之马，楚庄王给马的待遇不仅超过了对待百姓，甚至超过了给大夫的待遇。他给马穿刺绣的衣服，吃有钱人家才吃得起的枣脯，住富丽堂皇的房子。

后来，这匹马因为恩宠过度，得肥胖症而死。楚庄王让群臣给马发丧，并要以内棺外椁的大夫葬礼为之安葬。大臣们认为楚庄王在侮辱大家，说大家和马一样。从而，众臣对楚庄王此举表示不满。

楚庄王下令，说再有议论葬马者，将被处死。

当时有个艺人叫优孟，他听说楚庄王要葬马的事，跑进大殿，仰天痛哭。

一鸣惊人

楚庄王很吃惊，问其缘由。

优孟说，死掉的马是大王的心爱之物，堂堂楚国，地大物博，无所不有，而如今只以大夫之礼安葬，太吝啬了。大王应该以君王之礼为之安葬。

楚庄王听后，无言以对，只好取消以大夫之礼葬马的打算。

楚庄王葬马这个事件，从楚庄王原先执意以大夫规格葬马，到最后答应放弃奢侈的葬马之举，映射了楚庄王从昏庸之君到圣明霸主的史实。"一鸣惊人"以及"庄王葬马"是楚庄王人生的一个缩影。

从开始楚庄王昏庸无道，到最后大彻大悟做明君，都表现在这两个事件中。

楚庄王从整顿朝政入手，把一批只会奉承拍马的人撤了职，把敢于进谏的伍举、苏从提拔起来，帮助他处理国家大事。与此同时，他还下令制造武器，操练兵马。

公元前611年，楚国先后伐庸、糜、宋、舒、陈、郑等国，均取得胜利。

为了显示楚国的兵威，公元前606年，楚庄王在周都洛邑的郊外举行一次大检阅。

此举无疑令周天子大吃一惊，周王马上派王孙满到郊外去慰劳楚军。楚庄王借此机会询问九鼎的大小轻重，意欲移鼎于楚，从而显示出有夺取周天子权力的野心。

九鼎相传为夏代大禹所铸，象征九州，夏、商、周均奉为传国之宝，是天子权力标志。

王孙满严词道："政德清明，鼎小也重；国君无道，鼎大也轻。周王朝定鼎中原，权力天赐。至于鼎的轻重，你不当询问。"

楚庄王傲然地对王孙满说道："你不要阻止铸鼎之事，我们楚国只要把折断的铜兵器收集起来，就足够铸造九鼎了。"

楚庄王问鼎，大有欲取周王朝天下而代之的意思，结果遭到周王使者王孙满态度强硬的严词斥责。楚庄王虽然口出狂言侮辱周室，但也意识到称霸中原时机未成熟，只好率领受阅部队退出周疆。

没几年工夫，楚国更加强大起来，先后平定了郑国和陈国的两次内乱，但是最后却与中原霸主晋国冲突起来。

公元前 597 年，楚庄王率领大军攻打郑国时，晋国派兵救郑。楚、晋两国军队在郑国的邲发生了一次大战。晋国大败，人马死了一半。

邲之战尘埃落定后，以楚庄王的大胜，晋军的惨败而告终。此时，楚庄王没有乘胜追击，带领将士饮马黄河。

经过楚庄王的励精图治，"霸主"的头衔又落到楚庄王头上了。在当时的各诸侯国中，以楚国的地域最大、人口最多，物产最丰，文化最盛。

公元前 594 年冬，楚、鲁、蔡、许、秦、宋、陈、卫、郑、齐、曹、邾、薛、鄫"十四国会盟"，正式推举楚国主盟，楚庄王遂成为称雄中原的霸主。公元前 591 年，英雄一生的楚庄王突然病重，他已经预感到自己不久于人世，便招重臣至病榻之前，遗命后事。这年入秋，楚庄王咽下了最后一口气，与

贫而无谄，富而无骄

世长辞。

楚庄王称霸中原，不仅使楚国强大，威名远扬，也为华夏的统一，民族精神的形成发挥了巨大的作用。

苏武牧羊不失节气

那是在公元前 100 年，汉武帝正要派兵讨伐北方的匈奴，忽报匈奴且鞮侯单于，已把过去拘留的汉朝使者全部放回来了，并奉书求和。

汉武帝听了接见了使者，又看了来书，见匈奴使者和来书均谦卑有礼，心想连年用兵，已使国库空虚，现在如果能同匈奴修好的确是一件好事。

为了表示修好诚意，汉武帝下令释放汉朝拘留匈奴来使，任命中郎将苏武为使送归。另还特地修书一封，连同大量金银财物一并带给匈奴且鞮侯单于。

谁知那且鞮侯单于并不是真心和好，所以送回汉使，原来是缓兵之计。他见汉天子派苏武送逐使者，厚赠金银，认为汉武帝中了他的奸计，更加骄傲起来。

苏武一到匈奴那里，马上就看穿了单于的真相，心想先不露声色，待返回后再启奏皇上不晚。谁知，却偏偏发生了意外。在苏武出使前，汉使卫律背叛朝廷投降了匈奴。

他手下有个叫虞常的人，表面投降了，但内心却在等待时机，希望能立得功劳，重返汉邦。

正好苏武一行到了匈奴，虞常便去拜访他熟识的副使张胜，对他说愿意杀掉卫律。张胜并不和苏武商量，擅自表示同意。不料机密泄露，虞常被捉。张胜害怕了，这才把整个事情经过告诉了苏武。

这时，虞常受刑不过，招出了张胜。单于听了大怒，立刻命令卫律召苏武受审。苏武叹道："辱没了国家的使命，我还有何面目复归汉朝？"拔出佩剑，便向自己的脖子抹去。

卫律大吃一惊慌忙上前抱住，苏武已血流满身，直急得卫律命令左右速去找医生。经过医生长时间抢救，苏武终于苏醒过来。

单于非常佩服苏武的气节，暗暗地打起了招降的主意。苏武伤刚好，单于就派人通知他参加判处虞常的事，打算趁机迫令他投降。

卫律从狱中提出虞常，当场宣告死罪，把他斩首。接着对张胜说："汉使张胜谋杀单于大臣本应处死，如若投降，尚可免死！"说罢便向张胜举起了宝剑。贪生怕死的张胜连说愿降，做了可耻的叛徒。

卫律冷笑着瞅瞅苏武，厉声喝道："副使有罪，苏君理应连坐！"

苏武说："我本没有和他们同谋又不是他们的亲戚，如何谈得上连坐？"

卫律突然拔出宝剑直逼苏武，苏武把头一昂，毫不动容。

在大义凛然的苏武面前，卫律的手反倒抖了起来，他忙把剑缩了回去一改怒容，和颜悦色地说："苏君，我卫律自从归顺匈奴，深得单于恩宠不但受封为王，拥有数万人，而且牛羊牲畜漫山。苏君今日若肯降服明日就可以与我一样。可你以血肉去滋润旷野，又有谁会知道你呢？"

苏武听了，连眼皮都没抬一下。

卫律又说："苏君若归降过来，我愿与君结为兄弟，若不听我劝，恐不能再见我面了。"

苏武听到这里，不禁勃然大怒，站起身来直指着卫律斥骂道："卫律，你做人家的臣下和儿子，不顾及恩德义理，背叛皇上、抛弃亲人，在异族那里做投降的奴隶，我为什么要见你！"

一席话把卫律骂得哑口无言，脸由白变红，一直红到脖子根。

匈奴见劝说没有用，决定用酷刑。当时正值严冬，天上下着鹅毛大雪。他们把苏武关进一个露天大地穴，不给饭吃，不给水喝，希望这样可以改变苏武的信念。

苏武躺在地窖里不由思绪万千，他想起自己的使命，想起家中的妻儿老母，想起了那雄伟壮观的长安城。他越来越感到饥饿难忍，但地窖里除了一块破毡之外，什么东西也没有。饿极了，他就撕块破毡放进嘴里，再把手伸向门外，抓回一把雪来，就着雪把毡吞下去。就这样一连过了许多天，竟然没有饿死。

迷信的单于以为神灵在保佑苏武不敢杀害他，就把他流放到北海荒无人烟的地方，给他一群公羊让他放，说等到公羊下了小羊，才准许他回国。

在荒无人烟、茫无边际的草原上，生存是极其艰难的。没有粮食苏武就挖野菜捉老鼠充饥。他早已把生死置之度外，却始终手持汉武帝给他的旌节，无论白天还是晚上睡觉，这旌节从来没有离开过他。

一连过去了19年。19年来虽然单于多次派人劝降，但苏武矢志不移，他说："我不能对不起皇上，不能对不起祖宗，不能对不起父母之邦。"

苏武经常孑然一人，怀抱着旌节，凝神南望，心中反复地重复着自己的信念："总有一天，我会举着这旄节重返故国的！"

有一天，苏武听到汉武帝去世的消息，万分悲痛，面向南方，放声大哭，以致口吐鲜血，每天早晚哭悼，长达数月。不久，当初下令囚禁苏武的匈奴且鞮侯单于也去世了，这时候，新单于执行与汉朝和好的政策，希望与汉朝廷建立和好关系。

汉昭帝即位后，匈奴和汉达成和议。汉代朝廷要求匈奴归还苏武，但新执政的匈奴单于却撒谎说："苏武已经病死了。"

后来，汉朝使者到匈奴去，让当年苏武的副使、坚决不降、被罚做苦工的常惠听说了，他设法见到了汉使，细述了详情，并同使者一起商量好了救出苏武的计策。

第二天，汉使又去见单于，假说大汉天子在上林苑中射到一只大雁，雁的脚上系着帛书，帛书中清楚地写着苏武在北方的沼泽之中。单于只好把苏武等人送还。

坚强不屈的苏武终于回来了，都城长安的人们听到消息后，都自动拥到大街上迎接。人们看见，苏武当年出国时年方40岁，现在已步履蹒跚；当年跟随他出使的共有100余众，于今生还者只有9人。人们望着须发尽白的苏武手执已经光秃秃的旄节，带领着饱经磨难的同伴们一步步走来的时候，无不感动得热泪滚滚。

苏武拜见汉昭帝，交回旄节。年轻的汉昭帝手抚旧节，听着苏武的叙述，禁不住眼泪扑簌簌而下。大臣们没有一个不流泪的，人们被苏武和他的同伴们深深地感动了。

苏武一生坚信报国的理想，"言必信，行必果，已诺必诚"。他那不屈不挠、爱国报国的赤胆忠心，永久地留在了中华民族的史册中。

王昭君以身和亲安邦

如果说李广、卜式、苏武是汉代报国的典型；那么王昭君的报国，则是以她自己的方式，向人们展现了一个巾帼不让须眉的伟大情怀。

那是在西汉元帝时，生于南郡秭归的王昭君被选入汉宫做了宫女。而这个时候，正是汉王朝和匈奴的关系发生变化的时候，王昭君的命运也随着形势的变化而发生了重大改变。

原来，匈奴族自冒顿单于以来，150多年称雄塞北，自誉为"天之骄子"，与西汉王朝分庭抗礼。

从汉高祖至汉文帝、汉景帝时，由于国家初建，百废待举，对匈奴族的侵扰只能采取和亲的羁縻政策。汉武帝时，国力强盛，对匈奴的侵扰掳掠进行了反击。匈奴贵族的力量大大削弱，而汉王朝也耗费了大量人力物力。

公元前60年，匈奴虚闾权渠单于死，贵族内部因继位问题而分裂，至公元前57年，形成了"五单于争立"的混战局面。呼韩邪单于在混战中基本获胜，但自己的力量也大为减损，部众只剩几万人。不久又被新立的郅支单于打败而陷困境。

此时，呼韩邪单于接受了左伊秩訾王的建议，率部南下附汉。先遣子入侍，后于公元前51年入汉称臣，朝见汉王朝皇帝汉宣帝。

汉朝廷以高于诸侯王的礼节接待呼韩邪单于，入境时派专使迎接，朝见时赐以冠带衣裳、黄金玺绶及锦绣杂帛8000匹、絮6000斤。并接受他的请求，允许他们住在漠南光禄塞一带。当时匈奴正缺粮食，汉朝又调拨边谷粮食34000斛以救济匈奴人民。

公元前33年，呼韩邪单于第三次来朝见，自言愿意当汉家女婿，以进一步亲近汉朝。

即位不久的汉元帝闻知此事，决定从宫女中选人和他成亲。于是传旨众宫女："愿嫁匈奴单于者报名。"宫女们跪了满地，但听旨却知嫁给远在漠北的匈奴单于，各个噤若寒蝉，都无应声。

王昭君接旨后，自然也免不了思绪翻腾。她想起初入宫时自己曾有过美好的幻想，即能侍奉皇上，把民间疾苦讲给皇上听，劝皇上勤政爱民，使国家兴盛，百姓安乐，自己也不枉远离亲人入宫一场。但如今入宫数年，别说侍奉左右，就连皇上的面也没见过，尽忠不能、尽孝不得，这样白白消磨岁月的日子，谁知道过到几时。

王昭君想，与其这样老死在宫中，还不如应诏和单于成亲，出塞侍奉左右，日日好语奉告，使双方长久友好，省了多少刀兵之事。在有生之年，使国泰民安。即使生前远离故土，死后身埋荒漠，也无愧一世为人了。想到这里，王昭君下了自请和亲的决心。

汉元帝听到她应召的禀报，也很赞叹她的勇气。吩咐准备丰富的嫁妆，择日成亲。

贫而无谄，富而无骄

成亲那天，呼韩邪单于先朝见汉元帝。汉元帝也命王昭君上殿与呼韩邪见礼。随着"王昭君上殿"一声旨令，阶下一位绝代佳人缓步登殿，大礼拜见。

只见王昭君容貌丰美，服饰漂亮，使汉宫为之生色、增光。又见她镇定从容，不卑不亢；端庄有礼，仪态万方，使人不由得为之注目，为之倾倒，为之肃然起敬。就连汉元帝也为之动容，想不到自己的后宫竟有这样才貌双全的美人，怅然若失之情油然而生。但面对群臣，岂能失信，于是转脸祝贺呼韩邪单于得配佳人。

呼韩邪单于激动万分，他感谢汉元帝给准备的丰厚嫁妆，更感谢把这样美的女子嫁给他。他再次拜伏朝堂，表示决不负汉朝厚恩。

呼韩邪单于回去后，又上书汉朝廷说：

> 愿保边塞上谷以西至敦煌，传之无穷，请罢边备塞吏卒，以休天子人民。

大汉君臣相信呼韩邪单于这是真诚的誓言。为此，汉元帝决定把这一年改元为"竟宁"，就是边境从此安宁之意。

王昭君带着汉家的厚望跟随单于到漠北的单于庭，开始了住穹庐、食畜肉、乳酪的生活。呼韩邪单于对她又敬又爱，封她为"宁胡阏氏"，意思是给匈奴族带来安宁的皇后。

王昭君对单于也谦恭有礼，并善待单于周围的人。她经常劝导单于牢记汉朝厚恩，维护两族和好，使天下人安乐。语言不通，她认真学；生活不习惯，她努力适应。呼韩邪单于关心她、体贴她，对她言听计从。

不久，王昭君为呼韩邪单于生了儿子，取名为伊屠知牙师。从此王昭君的生活又增添了新的内容。她精心哺育孩子，因为孩子不仅是自己和单于的骨肉至亲，也是汉匈两族友好事业的继承人。

王昭君和呼韩邪的阏氏及婢女们也友好相处，教她们缝衣刺绣技术，向她们学习匈奴话，给她们讲故乡的山水人物，讲勤政爱民的君主，讲深明大义的后妃，讲忠贞节义的臣下。她知书达理、宽厚待人、赢得了上上下下的爱戴和尊敬。

呼韩邪单于病故后，长子雕陶莫皋继位，称为复株累单于。按匈奴习俗："父死娶其后母"。他一向敬慕王昭君，便要求娶她为妻。对汉族人来说，这是乱伦行为。王昭君上书汉成帝，请求归汉，以避免这难堪的事情。

即位的汉成帝和朝臣商量一番，认为既嫁到匈奴，还是服从匈奴习俗为妥。作为一个和亲使者，若不能遵其习俗，那就不仅伤害单于的感情，而且直接影响两族间的友好。于是敕令王昭君从胡俗。

王昭君从敕令中体会到自己与单于婚姻关系的深远意义，于是，她打破汉人传统的伦理观念，再嫁给复株累单于，继续履行其和亲使命，以成全汉匈两族的友好事业。

王昭君与复株累单于生二女，长女称须卜居次，次女称当于居次。她经常教育儿女，一定要继承前辈开创的基业，为汉匈两族的繁荣昌盛而尽力。并身体力行，履行和亲使命到最后一息。

王昭君是一位胆识俱备的巾帼英雄，她的远嫁塞外和亲，在汉匈关系中具有重要地位并产生深远影响，使汉匈60年没有发生过战争，为汉代边疆稳定和社会发展做出了重要贡献。

诸葛亮为国鞠躬尽瘁

那是在东汉末年，刘备听闻诸葛亮有治国才能，3次前往其居住之地卧龙岗，拜请诸葛亮出山辅佐于他，终于请得诸葛亮出山。从此以后，诸葛亮辅佐刘备，屡献机谋，帮助刘备建立了蜀汉政权。

219 年，蜀主刘备在汉中之战中斩杀曹操名将夏侯渊，击败曹操，占据战略要地汉中。

在这样节节胜利的情况下，刘备部将关羽孤军北伐曹魏，虽然水淹七军、擒于禁、斩庞德、威震华夏、围曹仁于襄阳，达到军事上的最高峰，但是荆州后方空虚，东吴吕蒙以白衣计乘机夺取荆州，最后关羽被吴军擒获，遭到杀害。

刘备闻知后以全国大兵去讨伐吴国为关羽报仇。结果被陆逊击败，兵败退到白帝城。由于兵败，加之痛思关羽，以致忧虑成疾。刘备知道自己病难以治好，便派人日夜兼程赶到成都，请诸葛亮来嘱托后事。

诸葛亮留太子刘禅守住成都，带刘备的另外两个儿子刘永、刘理来到白帝城，进了永安宫，看到刘备病得不成样子，慌忙拜倒在刘备跟前。

刘备叫诸葛亮坐在旁边，用手摸着他的肩背说："自从得了丞相，我发展了自己的事业，但是现在，我这病是难好了，我儿子能力太弱，不得不将

大事托你。"说完，泪流满面。

诸葛亮也哭着说："望陛下保重身体。"

刘备用眼睛看了看左右的将官，见马谡也在身边，就叫暂时退出，然后对诸葛亮说："马谡言过其实，不能重用，对于他，丞相要慎重考察。"

说完，刘备召集众将官到齐，拿笔写遗嘱，交给诸葛亮感叹地说："我本想和你们一同消灭曹丕，不幸中途分手。麻烦丞相把我的遗嘱交给太子刘禅，以后一切事情都望丞相指点。"

诸葛亮拜倒在地上说："望陛下好好安息，臣等一定全力效劳，辅助太子。"

刘备叫左右的人扶起诸葛亮，一手掩盖眼泪，一手握住诸葛亮的手说："我现在快要死了，有心腹的话要说。"刘备说："先生才干高于曹丕十倍，一定能办成大事，如果刘禅可以帮助就帮助，实在不行，你就做两川之主。"

诸葛亮听到这话，立即哭拜在地说："臣一定尽力辅助太子，鞠躬尽瘁，死而后已！"说完，叩头在地。

刘备听到这里，双眼一闭，撒手人寰。终年63岁。

诸葛亮辅佐后主刘禅治理蜀汉。为了蜀汉基业，诸葛亮实行了一系列比较正确的政治和经济措施，使蜀汉境内呈现兴旺景象。

为了实现全国统一，诸葛亮决定北上伐魏夺取魏的长安。临行之前，诸葛亮上书《出师表》给后主刘禅，以恳切的言辞，针对当时的局势，反复劝勉后主刘禅要继承先帝遗志，广开言路，严明赏罚，亲贤臣，远小人，完成兴复汉室的大业。也表达了诸葛亮报答先帝的知遇之恩，出师"北定中原"的坚强意志和对蜀汉忠贞不贰的品格。

228年春，诸葛亮令赵云等做疑兵，摆出由斜谷攻郿城的态势以吸引魏军；自己则率主力向祁山方向进攻，陇右的天水、南安、安定等郡相继叛魏降蜀，又收服了姜维，一时关中大震。

就在这时，马谡违背诸葛亮部署为张郃所败，丢了街亭；赵云等出兵也不利，诸葛亮只得退回汉中。不久，天水、南安、安定3郡又叛蜀附魏。

同年冬，诸葛亮趁陆逊在石亭打败曹休之机再次出散关，包围陈仓，攻打20多天未破。此时，魏的援军赶到，诸葛亮不得已又退回汉中。

229年，诸葛亮第三次北伐。蜀军进攻武都阴平，打败魏援军，占了这两郡，留兵据守，自己率部回师。次年魏军进攻汉中，诸葛亮加强防守，又增调援军，再由于连续大雨，子午谷、斜谷等道路不通，魏军撤退。

231年，蜀军包围祁山，魏军统帅司马懿迎击，诸葛亮准备决战。

司马懿知蜀军远来，军粮不多，凭险坚守，拒不出战。诸葛亮想用退兵的办法引诱敌人，但司马懿追赶很谨慎，蜀军一停，他就扎营拒守。

此时李严假传刘禅要求退兵的圣旨，加上蜀军粮草将尽，诸葛亮只得班师，在归途中以伏兵杀了魏国名将张郃。

234年春天，诸葛亮经过3年劝农讲武的准备，再率10万大军出斜谷口，同时派使臣到东吴，希望孙权能同时攻魏。

司马懿知蜀军再次出兵，料知蜀军远来，粮草运输困难，便筑营阻拦，不与蜀军作战，想把蜀军拖垮。诸葛亮也有准备，在渭水分兵屯田，做长期作战的打算。诸葛亮在这次出兵前曾与孙权约定同时攻魏，不想吴军10万攻魏不胜，撤回江东，所以蜀军只得与魏军单方面周旋。

这年八月间诸葛亮积劳成疾，病情日益严重，不久就与世长辞。姜维等遵照他的遗嘱，秘不发丧，整军退入斜谷。

诸葛亮神机妙算、忠君报国、忠心耿耿的品质，1000多年来，已经在人们的心目中根深蒂固，成为中华民族历代相传的优秀品质。

为政以德，譬如北辰

子曰："不患①人②之不己知，患不知人也。"

子曰："为政以德③，譬如北辰，居其所而众星共④之。"

子曰："诗三百，一言以蔽⑤之，曰：'思无邪。'"

【注释】

①患：忧虑、怕。

②人：指有教养、有知识的人。

③为政以德：以，用的意思。说统治者应以道德进行统治，即"德治"。

④共：同"拱"，环绕。

⑤蔽：概括的意思。

【解释】

孔子说："不怕别人不了解自己，只怕自己不了解别人。"

孔子说："君王用道德来治理国家，自己就会像北极星一样，处在一定的位置上，别的星辰都会环绕在其周围。"

孔子说："《诗经》三百篇，可以用一句话来概括它，就是'思想纯正'。"

【故事】

尧舜禹的天下为公意识

中华民族的"克己奉公"这一优良传统，起源于尧舜禹时期的"天下为公"思想。

在传说中的黄帝之后，黄河流域的部落中出现了尧、舜、禹等著名的领袖。他们在管理实践中，认为天下是公众的，部落联盟首领之位传贤而不传子。这种"天下为公"意识，开启了我国"克己奉公"为政思想的先河。

尧，是帝喾的儿子、黄帝的第五世孙。他的部族主要活动于现在的河北省唐县至望都一带的滹沱河流域。

尧当上部落联盟的首领，和大家一样住茅草屋，吃糙米饭，煮野菜做汤，夏天披件粗麻衣，冬天只加块鹿皮御寒，衣服、鞋子不到破烂不堪绝不更换。老百姓拥护他，如爱"父母日月"一般。

尧帝时期，在政权建设方面，已有了长足的发展。在行政管理机构建设上，在舜帝时更加完备健全了。当时分别设置九个专项主管部门：有总理百官的百揆，有专管水利土木工程建设的禹，有专管农业种植业的稷，有专管畜养业的益，有主管国民教育的契，有专管司法的皋陶，有专管工业发展的共工和专管音乐教育的夔，有专管教祭祀的俞和负责内务管理的龙。这说明了尧帝行政管理机构的细致和完善。

尧帝不仅建立了完整的管理机构，而且还制订出了各管理部门与之相应的行政管理的准则。比如：主管司法的官员要做到案情明了，处置得当，执法无私；主管宗庙祭的官员一定要具备正直、真诚的人品；负责内务管理的官员，则特别强调要求在颁发上级命令和汇报下面情况的时候一定要诚实准确。

在国体构制上实行的是一种由"四岳十二牧"构成的联邦共和体制。四岳是东岳泰山，西岳华山，南岳衡山，北岳恒山。十二牧指当时天下的12个州。

在联邦共和体制中，四岳十二牧的长老州长们有相当高的独立自治权力，同时还具有对中央政府进行民主管理的权力。

尧帝在位70年后，年纪老了，但对帝王的人选则更是谨慎。他先是向四岳十二牧的地方长官们发出咨文，也就是有关国事情况的报告，请求他们举贤荐能。这时，有人推荐尧的儿子丹朱继位。但由于丹朱很粗野，好闹事，所以尧没有同意。

后来，尧帝又召开部落联盟议事会议，讨论继承人的人选问题。大家都推举虞舜，说他是个德才兼备、很能干的人物。

舜，号有虞氏，传说是颛顼的第七世孙，距黄帝九世，生于诸冯。尧对舜进行了3年的秘密考察，最后认为舜是个合格的人选。

这一天，尧帝召集群臣，对大家说："舜孝德昭于天，公正明于众，唯才是举，有能是用，勤政爱民，天下为公。唯有大舜，可继正统。舜之德才，胜我十倍，望卿等敬事之。"

舜泪流满面，泣不成声，跪拜在地上，说道："臣德微才寡，不足以治大国，不足以服众臣，不足以安百姓。仰陛下之德望，才勉强称臣。如果再禅让帝位于臣，臣宁死。"

尧帝听罢，哈哈大笑，起身离座，双手扶舜，说："所谓帝位，非享乐弄权之职，乃民众之马牛。现在天下百姓嗷嗷待哺，而你我却在此谦让，岂不贻笑群臣，贻笑百姓？"言毕，摘去黄冕，交于舜。

舜见事已至此，再推无益，于是接过黄冕，就位帝座。由此，尧帝完成了人类历史上第一个帝位的禅让，名垂青史，万众爱戴。据说尧帝寿118岁。尧帝遗嘱，丧葬从简，不封不树。

舜接位后，大刀阔斧，励精图治。他本着天下为公的精神，亲自耕田、渔猎、制陶，深受大家爱戴。

舜选贤任能，唯才是举。重用禹为司空，治理水土；弃为稷官，掌管农业；契为司徒，推行教化；皋陶为士，执掌刑法；垂为共工，管理百工。由于完善社会管理制度，使国事治理井井有条。

舜也仿照尧的样子通过部落联盟会议，进行民主讨论，确定人选，大家推举禹来做继承人。禹也同样经过了舜的长期考察。大禹秉承天下为公的宗旨，治水时克己奉公，心系天下百姓，不辞辛劳，三过家门而不入，终于圆满完成了舜帝交给的任务。

舜到晚年身体不好，依旧到南方各地去巡视，竟病故在途中的苍梧。舜去世后，禹做了部落联盟的首领。

禹把政权建设推进了一大步。在与大自然的抗争中，特别是洪灾的经历，促使了大禹时期贡赋制度的产生。禹实行的是租税制。根据土地的肥沃贫瘠程度确定相应的税率，这也许是世界上出现得最早的级差地租税。

在禹管理时期，和赋税同时产生的还有贡税。如冀州贡皮，兖州贡漆、丝，青州贡盐，徐州贡五色土，扬州贡金玉、竹制品，荆州贡皮革和木材，豫州贡漆和丝麻棉等，梁州贡玉、铁银矿和珍稀毛皮，雍州贡美玉等。

禹还总结出一整套完备的国家管理方法。其中重要的就是如何以民主的方式进行政治决策，表明大禹的政治管理方式已发展到非常完整非常系统的程度。

尧舜禹为后人贡献了太多的珍贵文化，其中最可宝贵的是为人类社会的发展找到了一条亘古不变的真理大道，这就是天下为公。

尧舜禹通过"禅让"等身体力行的方式，体现了他们在情感上心系民生，以天下为己任，在事功上做到尽量不干预社会，不干预老百姓，最高权力又能举贤以代。他们的公而忘私的高尚精神和坚忍不拔的卓绝意志，长期以来为天下人所高度崇拜，并产生了巨大的影响。

事实上，"天下为公"，已经成为鉴别我国历代王朝管理者是否清明合理合法的基本标准。华夏民族因特殊的历史机缘把天下为公引入到了国家文明的发展中，从而使这一精神思想上升为政治的文明，因此得到后世的不断传承。实我中华之福！

姜尚辅周拯救天下苍生

姜尚胸怀济世之志，致力于拯救天下苍生，以一种使命感和责任感，辅佐周王建功立业。这是对尧舜禹开创的"天下为公"精神的继承，以至于被后来的儒、道、法、兵、纵横诸家尊为"百家宗师"。

姜尚，祖居东海，商纣王时寄居商的都城朝歌城南，为生活所迫，以卖笊篱、面粉、牛肉、酒及贩猪羊为生，均不顺利。后在朝歌街口上开算命馆，接着到商纣王那里谋了个下大夫的职位，但他见商纣王荒淫无道，便辞官隐居。

姜尚是个有雄才大略的人，想施展自己的抱负，可是一直怀才不遇，大半生在穷困潦倒中度过。岁月蹉跎，转眼已到了垂生暮年，两鬓白发苍苍。他听说当朝贤主周文王的圣名后，便来到渭水河畔，假借垂钓之名来观望时局，希望能得到周文王的常识，使自己的才华得以施展。

时间一年一年过去了，姜尚的头发由花白变成了全白。他在渭水河边钓鱼也很久了，在他投竿抛饵、两膝跪踞的石头上，已磨出了两个浅浅的小坑。人们见他一直垂钓，却毫无收获，都劝他放弃，他却说："你们不懂其中的奥妙！"依旧垂钓。

一天，姜尚正在河边垂钓，从身后的大路上来了一辆马车，车后面跟着的人都垂丧着脸，其中有的人还哭哭啼啼，就连赶车的人也哭丧着脸。于是他问明原因后方知车中躺着的人是这家的大公子，出门拜师求学，突然间昏迷不醒，找了几个郎中都说是不治之症，让赶紧回家准备后事，不然就要死

在外面。

姜尚用手撩起车帘看了一会儿说："诸位不必悲伤，尽管放心，此人3日内必好。"

当时没有人能够相信这个穷老头说的话是真的。

几天后，姜尚正在钓鱼，从城中出来一伙人马直奔他而来，到了他钓鱼的地方，从车里走出一个英俊青年对着姜尚叩头就拜，嘴里不停说着救命恩人，一定要拜姜尚为师。

原来这个青年就是前几天躺在车里的那人，其父是当朝重臣，辅佐周文王治理国家。此时他要把姜尚请回家中给他当老师，因为他现在恰好正在寻访高师。并许以重金，还想认姜尚为义父。结果姜尚婉言谢绝。

这件事一时在城里传开了，人们都说："渭水河边有个钓鱼的穷老头能断人生死，所言必中。"

姜尚的声名大噪。从百姓传到了朝廷，同时也传到了周文王的耳朵里。他想，一个钓鱼算卦的穷老头，对国家能有什么用呢？所以周文王并没有放在心上。日子就这样一天天一年年地过着，姜尚还是天天在渭水河边钓鱼。

这一天，周文王打算出去打猎，占卜的结果说："出猎所获不是龙也不是貔，不是虎也不是熊，而是能够辅佐你成就霸业的人才。"周文王又回想起梦中先人说过的话"圣人出现之日，就是周族振兴之时"，于是满心欢喜地外出打猎。不经意间就来到了渭水之滨。

幽静的林间传来了阵阵马的嘶鸣，喧哗的人声也由远而近。姜尚看见一个王者打扮的人向这边走来。

周文王见这位垂钓老者一副超然物外的神情，便上前与他交谈起来。姜尚不失时机地告诉他自己的身世，两人谈得非常投机。

让周文王惊讶的是，姜尚天天以钓鱼为乐，居然对天下大事以及国家的武攻文治知道得这样清楚，知识又是如此渊博，而且观点新颖见解独到。他还发现姜尚对五行数术及用兵之法有很深的造诣。

求贤若渴的周文王从姜尚睿智、机敏的谈吐中发现，此人正是自己所要寻访的大贤。他高兴地感叹道："我的先祖太公，早就寄希望于你啦！"从此，姜尚得了一个"太公望"的别号。周文王用最隆重的礼节款待他，并让他坐自己的马车。

在当时，天下没有第二个人能坐上周文王的车，让他坐在车里，这是天下最高的礼遇了，除姜尚外天下还没有第二个人能得到这样的礼遇。可是姜尚不但不坐周文王的马车，还要让周文王亲自背着他回城。

这可难为了周文王，心想：不背吧，国家朝廷求贤若渴，正是用人才的时候，不能失去这么难得的人才。背吧，面子又不好看，自古以来哪有国君背臣民的？为了国家兴旺就不要考虑个人面子了！想到这，周文王真地背起姜尚向城中走去。

走了一小段的路程后，把周文王累得满头大汗，气喘吁吁，只得坐下暂息。

姜尚看着累得汗流满面的周文王，笑着对他说："你一共背我走了294步，我要保你大周江山294年，一步一年呀！"说完他又哈哈大笑起来。

周文王听姜尚这么一说，立刻来了精神头，也不感觉累了，一骨碌就爬起来拽过姜尚还要背，这时姜尚笑着说："再背就不灵了，就294年吧，我们坐车回城！"

回到城里，周文王封姜尚为太师。从此以后，姜尚开始辅佐周文王，发展周的势力。

姜尚给周文王出的第一个大主意是"修德以倾商政"。意思是，为政以德，争取诸侯，孤立商纣王。

那时候，商纣王贪酒好猎，不得人心；周文王便禁酒止猎，顺从民意。商纣王横征暴敛，百姓困苦不堪；周文王轻徭薄赋，百姓知足常乐。商纣王招诱奴隶，引发奴隶逃亡，造成许多属国的怨恨；周文王就颁布"有亡荒阅"

的法令，意思是说，有奴隶逃亡就大搜索，搜索到的奴隶，谁的归还谁，不许藏匿逃亡奴隶。

姜尚提出并实施的这些举措，大大提高了周在诸侯国中的地位。

有一次，虞国和芮国接壤的边民，为争田地闹纠纷，都愿意跑到周这里来解决，因为他们都承认周文王是"仁人"。进入周国之后，他们发现周国种田人都互让田界，人们都有谦让的习惯，还没见到周文王，就觉得惭愧了。

他们都说："我们所争的，正是人家周国人以为羞耻的，我们还找周文王干什么，那只会自讨没趣罢了。"遂各自返回，互相礼让，化解了纠纷。

天下诸侯听说此事，都认为周文王"恐怕就是那位承受天命的君主。"于是有 40 多个小国归顺了周。

接着，姜尚又替周文王筹划向周围发展势力。周依次"伐犬戎""伐密须""败耆国""伐邗""伐崇侯虎"，这些都见于《史记·周本纪》中的记载。

另外，周甲骨卜辞中还有"伐蜀""征巢"的记载。由此可见，周不但向北，而且向西、向南开拓疆土，势力直达江汉流域。周文王晚年，"天下三分，其二归周"，对殷商已经形成包围之势。

周文王去世后，他的儿子周武王继位，尊姜尚为"师尚父"，即"师之、尚之、父之"的意思。周武王以先父为榜样，承继先父的事业。

周武王受命第九年，根据师尚父姜尚的建议，周武王一面派间谍入商都收集情报，一面在孟津大会诸侯举行军事演习。

周武王在先父的墓地举行祭祀，然后用车载着木制的周文王牌位，供奉在中军大帐。周武王自称太子发，宣布是奉先父之命东伐。

接着，姜尚向全军发号施令："诸位，集合你们的部众，不能按时到达者一律重处。出发！"

这时，前来会盟的八百诸侯都认为"纣可伐矣"。周武王却以"你们未知天命"为借口，结束军事演习，传令班师回国。

其实，深通韬略的周武王觉得讨伐商纣王的时机尚未成熟。这次会诸侯于孟津的目的，在于试探自己的号召灵不灵，真要讨伐商纣王准备还不够充足。商纣王尚有相当的实力，所以需要再等待一下。

又过了两年，商纣王更加暴虐专制，闹得众叛亲离。面临这种形势，商纣王还调集全部兵力征伐东夷。姜尚看到讨伐商纣王的时机成熟了，就建议周武王出兵。

大约在公元前1046年，周武王决定在孟津集合兵车300乘、虎贲3000人、甲士4.5万人，并联合庸、蜀、羌、髳、卢、彭、濮等西南各族，准备东征。号令发出后，八百诸侯如期会合。

姜尚在出征前曾进行过占卜，结果是龟兆，不吉利。忽然间暴风骤雨从天而降，在场的人都害怕了。唯有姜尚镇定自若，力劝周武王坚决出师。周武王毅然下令东进。

周武王率领部队冒雨急行，由现今荥阳汜水这个地方渡黄河北上，并按时到达殷郊牧野。当年的黄河从现今新乡、汲县向北流。牧野东面是黄河，西面是太行山，北面一马平川，距商纣王别都朝歌仅七十里，可以说是殷都的南大门。

牧野的殷民见周武王带领这么多军队到来很恐慌。周武王安慰他们说："你们不要害怕，我是为安定你们生活而来的，不是跟你们作对的。"

殷民听罢，高兴得蹦起来，紧跟着纷纷跪在地上给武王叩头。

周武王率领的军队在牧野之战中，一举击败商军，获得胜利。纣王见大势已去，登上鹿台，穿上玉衣，自焚而亡。商王朝就这样被周武王推翻了。

东周从公元前的770年至公元前476年，恰好刚刚是294年，正应了当年周文王背姜尚的294步那句话。从此以后，我国历史就进入了群雄并起的战国时代。

姜尚以自己的亲身实践，辅佐周文王姬昌发展周的实力，又辅佐周武王姬发克商，实现了他济世救民的理想，践行了"天下为公"的伟大精神。

齐桓公姜小白选贤改革

自从周武王封姜尚于临淄为齐国之后，姜尚励精图治，使齐国国力得到增强。但齐国经过了几代国君，到了齐襄公时期，朝纲失常，政局混乱。谋臣管仲预感到齐国将要发生大乱，就建议姜小白的师傅鲍叔牙保护姜小白逃到莒国。

公元前686年，齐国政局又发生了动荡，一片混乱。在鲁国姜小白的哥哥公子纠和在莒国避难的姜小白，都连夜赶往了齐国。鲁国发兵送公子纠回国后，派管仲带兵堵截从莒国到齐国的路，管仲一箭射中姜小白。

姜小白假装倒地而死，管仲便派人回鲁国报捷。鲁国也就不那么着急送公子纠回国了，在路上走了6天才到。

实际上，当时管仲射中的是姜小白的带钩，姜小白装死迷惑了管仲。躲在帐篷车里日夜兼程地赶回了齐国，在齐国贵族的鼎力支持下，成为国君，这就是齐桓公。

齐桓公掌握了国家政权，立即发兵进击鲁国。鲁国战败。

随后，齐桓公要杀管仲，但鲍叔牙劝说："如果君上想成就天下霸业，那么非管仲不可。管仲到哪个国家，哪个国家就能强盛，不可以失去他。"

齐桓公听从鲍叔牙的建议，假装要杀仇人，把管仲接到齐国。

齐桓公和管仲谈论霸王之术，管仲的才学让齐桓公大喜过望，齐桓公让管仲做了大夫，参与政事，不久又拜管仲为相。君臣同心，励精图治，对内整顿朝政，例行改革，对外尊王攘夷。

这一时期，齐桓公还起用了一批各有所长、尽忠职守的出色人才。其中最具代表性的，便是管仲提出的任用五杰的建议。

管仲对齐桓公说：“举动讲规范、进退合礼节、言辞刚柔相济，我不如隰朋，请任命他为大司行，负责外交；开荒建城、垦地蓄粮、增加人口，我不如宁戚，请任命为大司田，掌管农业生产；在广阔的原野上使战车不乱、兵士不退，擂鼓指挥着将士视死如归，我不如王子城父，请任命他为大司马，统帅三军；能够断案合理公道，不杀无辜者，不诬无罪者，我不如宾胥无，请任命他为大司理，负责司法刑律；敢于犯颜直谏，不避死亡、不图富贵，我不如东郭牙，请任命他为大谏之臣主管监察谏议。想要富国强兵有这五位就足够了，但想要成就霸王之业，还要有我管仲在这里。”

齐桓公听从管仲建议，令五人各掌其事，并拜管仲为相，组成了强有力的领导集团。这个领导集团在政治、军事和经济方面做出了很多英明的决策。

在政治方面，齐国实行了国野分治的方法，国都为国，其他的地方为野。并划

为政以德，譬如北辰

分各级官员的职权范围，要求他们兢兢业业，不许荒废政事。

每年正月，各级官员要向齐桓公汇报述职，齐桓公根据政绩来进行奖惩。

在军事方面，实行军政合一、兵民合一的制度。规定士乡的居民必须服兵役。另外，为解决武器不足的问题，规定犯罪可以用兵器赎罪，诉讼成功则要交一束箭。从此，齐国的兵器也渐渐充足起来。

在经济方面，通过减少税收，增加人口的生育水平，从而提高了齐国的总体人口数量。对商业特别是盐商加以重税，以补足税收的差异。实行粮食"准平"的政策，避免富人抢夺穷人的粮食，进一步限制贫富的差距。

在齐国各处设立"女闾"，将战犯或罪犯的寡妇充于其间，并抽以税收。这种经济政策和措施，导致了许多秦人、晋人慕名而来到齐国，大大地充实了齐国的国库。

齐桓公改革之后，齐国国力大为增强，齐桓公决定称霸天下。他先是与邻国修好，归还各个临国以前侵占的地盘，使邻国成为四周的屏障。接着，他又大会诸侯。

齐桓公是历史上第一个充当盟主的诸侯。

公元前 681 年，齐桓公在甄召集宋、陈、蔡、邾 4 国诸侯会盟，共修和好。

公元前 651 年夏，齐桓公再次大会诸侯于葵丘。这年秋天，又和诸侯会于葵丘。

通过与邻国修好和多次会盟，齐桓公在诸侯中的地位越来越高，终成霸主。

公元前 645 年，管仲重病，齐桓公问他群臣中谁可以代为相，管仲举荐了几位有才学的人。但在管仲去世后，齐桓公却不听管仲的话，信任竖貂、易牙等佞臣。

就在齐桓公重病期间，奸臣各率党羽争位，竖貂、易牙矫托王命把王宫用高墙围起，只留一个小洞，齐桓公饮食，全靠小太监从洞里送入，并很快连饭也不送了。

公元前 643 年冬，被禁闭的齐桓公在饥渴中悲惨地死去。各派之间趁机互相攻打对方，齐国一片混乱。直至两个多月后才在老臣的建议下发丧，这个时候，齐桓公的尸体已经腐烂不堪，虫蛆爬出户外，恶臭难闻。齐国霸业随之衰落。

颜回讲德修义孔子称赞

一年春天，孔子与子路、子贡、颜回三位高徒一起去郊游。师徒四人不知不觉已经到了山顶。

孔子说："站在高山之上，使人心胸为之开阔，精神为之昂扬，你们谈谈各自的志向和心愿吧。"

子路说："我愿手拿弓箭，统率大军，争得千里之地，夺得敌军旗帜，抓获大批俘虏，凯旋而归。"

子贡说："如果有两个大国在田野上交战，我愿意前去游说交战双方，使两国言归于好。"

颜回笑笑说："武有子路，文有子贡，他们都说了，我还说什么呢。我希望得到圣明君主的赏识，辅佐他，施行父义、母慈、兄友、弟恭、子孝等五教，以礼乐教导人民，使国家无刀兵之祸，人民没有离散之苦。"

听了颜回的话，孔子赞道："善哉，道德之言啊。"

子路向孔子拱手，问道："老师，假如将来我们三人的愿望都实现了，您选择谁呢？"

孔子抬起手来，捋捋胡须说："不伤财，不害民，要言不烦，颜回都具备了，我愿意跟着颜回去当一个小小的礼相。"

董仲舒三次对策汉武帝

公元前140年，雄心勃勃的汉武帝做了西汉王朝的第七位皇帝。上台伊始，他就大刀阔斧地进行改革，首先从治国理念上一改先祖故训，变黄老之学的无为政治为有为政治，开始重用儒生，并大力倡导儒学。

公元前134年，汉武帝诏命贤良进行对策。十年磨一剑，"三载不窥园"的董仲舒，正好赶上了这个机会，真是千载难逢，三生之幸！

汉武帝连问了三策，董仲舒也连答三章，其中心议题是天人关系问题，史称《天人三策》或《贤良对策》。

汉武帝迫切想要"贤良"们为他的皇权找到根据，并且从理论上回答自然的一些规律，因此在第一道制书中问道：怎样才能得到天帝的授权？

汉武帝所问的恰好是董仲舒曾经深入研究过的问题，他在奏章中更是把自然的发展变化和上天的意志合为一体，把皇权统治和天的意志结合起来。董仲舒在奏章的一开头就说，上天总是将自己的意志体现于人世间。随后，他又把儒家的一套重复了一遍，并提出了自己的主张。

他提出了自己对刑罚的看法。他在奏章中援引《尚书》周公和孔子的话说明天意支持德政的观点，并说之所以灾异起而德政废，是因为刑罚的问题。董仲舒在这个基础之上，还进一步提出了自己的一系列主张。

他建议说：

作为一国之君，先正自己的思想行为，然后再来纠正朝廷诸官的行为，这样才能做到上行下效。

他认为，只有这样，才不会有邪气和奸佞，才能风调雨顺，万民安居乐业，五谷丰登，天地丰润，四海之内闻盛德而皆来称臣。教化建立而奸邪停止，是因为它的堤防完好；教化废止而奸邪并出，用刑罚也不能制止，这是它的堤防坏了。

因此，他建议汉武帝广设学堂，在国都设立太学进行教育，在县邑设立县学、乡学实施教化，用"仁"来教育人民，用"义"来感化人民，用"礼"来节制人民，所以，虽然刑罚很轻，却没人违犯禁令，这是教化施行，习俗美好的缘故。

随后，董仲舒又以自己的眼光回顾了汉代以前的历史，说明周代兴盛是因为教化，秦代败亡则是因为暴政。而汉王朝继秦代的天下，就如同得到朽木粪土一样，一定要好好治理。

于是，他又一次向汉武帝表明，要想大治天下，实现他的政治理想，必须首先从思想上改变，使全国上下在思想上达到统一，这才有大一统的希望。

汉武帝看到董仲舒的对策，感到十分惊奇，他异常高兴，因为终于发现了最适合自己的思想基础。他对董仲舒十分满意，十分欣赏他的才干。

然而，由于汉代初期推崇黄老学说，推行"无为"的政策。而且当时太皇太后，即汉文帝的皇后窦氏还在世，她十分喜欢黄老学说，而且坚持黄老之学，这是一个必须逾越的障碍。

于是，汉武帝就这个问题第二次策问，要贤良们再对策。在这次策问中，他提出了古代帝王的"劳"与"逸"的问题，"奢"与"俭"的问题，还有"质朴"和"雕琢"的问题。他说："有人说美玉不用雕琢，又有人说仁德要用文来修饰才完美，两者岂不相矛盾吗？"

他要臣下们回答为什么这两种说法相异，实质上他提出了一个非常现实的问题，"有为而治"和"无为而治"到底哪一个更正确。

董仲舒又写了一篇近2000字的对策，在策问中，他进一步阐述了自己的政治观点。然而在字里行间，无处不充溢着孔孟的儒家思想。这一篇文章更详细、更系统地提出了为君之道和治理天下的方法，对汉武帝产生了更加深远的影响。

在策问中，董仲舒叙述了自尧以来，直至周文王的几位君王的所作所为，得出结论说："由此看来，帝王治国的道理是一致的，然而之所以有'劳'和'逸'之分，主要是因为他们所处的时代不同的缘故。"这实际上是回答了汉武帝有关"劳"和"逸"的问题。

君王的"劳"和"逸"是因为时境的变化。对于"奢"和"俭"的问题，他引用孔子的话回答说："所以孔子说：'奢则不逊，俭则固。'"用以说明"俭"是自古治国的一项重要原则，对国家的兴亡有着深远的意义。

随后，董仲舒又用大量篇幅向汉武帝建议实行有为的政策。他认为历史上有为的帝王能做到"有为而治"的话，便天下升平；相反，如果做不到的话，便会天下大乱。

而能做到有为的帝王，正是与儒家的主张相符合的；不能做到的帝王，则与儒家的主张相背离。

他还引用曾子的话说，希望汉武帝尊崇适合于他自己的思想，并做出相应的行动，自然可以成为与前代贤明圣主相并肩了。接着，董仲舒顺承他在头一次奏章中的提议，建议汉武帝兴办太学。

董仲舒的这两次"对策"，逐渐深入而明确地提出了尊儒兴教、德刑并施的主张，赢得了汉武帝的充分信任。但汉武帝意犹未尽，又下第三道策问：为什么夏商周三代的治国思想不一样？

董仲舒的回答是：是因为天性完整而人性不足。针对当时的治国问题，董仲舒指出，大汉建国至现在已经70多年了，不如回头来进行改革，改革了就能好好治理，国家治理好了，灾害就会一天天消除，福禄也就会一天天到来。执政能适合人民，自然会得到天给予的福禄。

《天人三策》的三问三答看起来就像一个渴望知识的后生请教一个学有所成的智者，这里面可以看出董仲舒高屋建瓴的理论水平和汉武帝超人的智慧。

董仲舒以其滔滔不绝的口才和充足的理论准备，借助于可以自由阐发的春秋公羊学，投汉武帝之所好，公开援道入儒，在融合儒道、用道家和阴阳家的思想资料充实、发挥儒家义理的基础上，建构了一个让汉武帝心醉的"三纲五常"政治儒学体系。

在 3 次策问中，董仲舒既回答了皇帝提问，又提出自己的建议。面对董仲舒的回答，汉武帝满意了。

但董仲舒并未就此搁笔，紧接着他又写了一些文章，极力赞美儒家思想。他把《春秋》作为儒术的象征提了出来，而且还把它提高到上察天道，下察人事的神圣地位。

然后，他又表达了独尊儒术的主张。他说：

《春秋》大一统者，天地之常经，古今之通宜也。今师异道，人异论，百家殊方，指意不同。是以上无以持一统，治制数变，下不知所守。

臣愚以为不在六艺之科，孔子之术者，皆绝其道，勿使并进。邪辟之说灭息，然后统纪可一，而法度可明，民知所从矣。

这段话，多年以来一直以"罢黜百家，独尊儒术" 8 字加以概括。

董仲舒所总结的"罢黜百家，独尊儒术"的观点，得到了汉武帝的认同，汉武帝由此施行了一系列措施，对当时的社会和历史的发展起了重大的作用。

董仲舒以"君权神授"这一基本思想和模式，也为"大一统"的我国古代政治文明建设提供了成功范式，影响、造福中华民族近 2000 多年。

董仲舒追求的儒学思想

董仲舒文幸而人不幸，在对策后，他并没有在朝廷任职，而是被汉武帝派到江都易王刘非那里当国相。

刘非是汉武帝的哥哥，此人是一介武夫，但因为董仲舒当时声望很高，是举国知名的大儒，所以对董仲舒非常尊重。刘非把董仲舒比作辅助齐桓公称霸诸侯的管仲，也就是希望董仲舒要像管仲辅助齐桓公一样来辅助自己，以篡夺中央政权。

但是，董仲舒是主张"大一统"的，因此，对于刘非的发问，他借古喻今进行了规劝，指出：

> 仁人者，正其义不谋其利；明其道不计其功。

意思是说：正人君子，应当端正与人相交往的态度，不要为了能够从他人那里获取某种好处或达到某种目的，才决定和他人结交。

董仲舒的这句话，实际上是暗示刘非不要称霸。推而广之，是希望刘非说任何话，做任何事情，都应该是为了匡扶正义而不是为了个人的利益。

董仲舒为江都易王相 6 年，搞了不少祈雨止涝之类的活动。在这个阶段，有一件事对董仲舒的一生产生了重要影响：公元前 135 年，皇帝祭祖的地方长陵高园殿、辽东高庙相继发生了大火，董仲舒认为这是宣扬"天人感应"的好机会，于是带病坚持起草了一份奏章，以两次火灾说明上天已经对汉武帝发怒。

汉武帝看后大怒，从此，董仲舒不敢再说灾异之事，而是干起了老本行，从事教学活动，又教了 10 年的《公羊春秋》。

公元前 125 年，丞相公孙弘又推荐董仲舒做胶西王刘瑞的国相。刘瑞是汉武帝的哥哥，他比刘非更凶残、蛮横，过去不少做过他国相的人或被杀掉，或被毒死。因董仲舒是知名的大儒，刘瑞对他还比较尊重。

董仲舒在刘瑞这里一直小心谨慎，心神不安，唯恐时间长了遭到不测。遂于公元前 121 年以年老有病为由辞职回家。从此以后，也就结束了他的仕途生涯。

董仲舒虽然结束了仕禄生涯，但真正的儒者不会因为官场失意而意志消沉，从某种意义上讲，人生低谷或许更能锤炼强健的人格。

西汉时期史学家司马迁《史记》说"董仲舒为人廉直"。是真儒，其生活的目的就是为了"明道""行义"；是纯儒，其事君的准则就是"廉直""勿欺"。既是廉直勿欺，就注定了他不会阿附曲从，以博高位。

董仲舒罢相家居，已经年逾古稀，但他并没有高蹈肥遁，不问世事，而是魂牵斯文，忧国忧民。朝廷凡有大事，常下诏垂问，甚至有的刑事案件也派使者和延尉张汤前往董宅，问其得失。

董仲舒引经据典，一一作答，皆有条理，共决大案要案 232 件，后编为《春秋董仲舒决狱》一书，成为汉晋之间司法断案参考的经典文献。

他还常常就重大时政发表看法，上疏献计献策。当时关中民不好种麦，他建议多种冬小麦，以避饥荒。还针对"富者田连阡陌，贫者无立锥之地"的现象，建议限民占田，抑制土地兼并。

当时汉武帝外事四夷，特别是与匈奴的战争，使天下虚耗，户口减半。目睹那一场一场痛苦的较量，董仲舒也进行了自己的思考。

他认为："义动君子，利动贪人"，对于像匈奴这样的贪人，主张"与之厚利以没其志，与盟于天以坚其约，质其爱子以累其心"，使其进有所贪，退有所忌，庶几可达到"胡马不窥于长城，羽檄不行于中国"，与邻为睦的目的。

董仲舒历经仕途沉浮，他以自己的行动诠释了他的道德修养。作为一个典型的忧患型人物，他进亦忧，退亦忧，就像后来的北宋文学家范仲淹说的那样："居庙堂之高则忧其民，处江湖之远则忧其君。""先天下之忧而忧，后天下之乐而乐"。

这种人格，是自孔子以来就形成的古代儒者的人格，当然也是被誉为"统儒"的董仲舒的天性。事实上，这种忠君、忧国、爱民的忧患意识，一直伴随董仲舒终生，直至死而后已。

董仲舒代表着一个阶层，这个阶层就是"士"。士，原本是邦国时最低一级的贵族，其上依次是大夫、诸侯和天子。天子有天下，诸侯有国，大夫有家，他们都是"领主"。士却没有领地，顶多有一块没有主权和治权的田地。没有领地，所以没什么家产。

事实上，在我国古代，士的安身立命之本，无非就是修齐治平，即修身、齐家、治国、平天下。其中第一件事是士自己的，后面3件事则分别是大夫、诸侯和天子的，但需要士来帮忙。

也就是说，士，首先要管好自己，加强道德修养，学成文艺武艺，这就是修身；然后帮助大夫打理采邑，这就是齐家；辅助诸侯治理邦国，这就是治国；协助天子安定四海，这就是平天下。

在家里，董仲舒总结了自己50余年治学的心得体会，加上对《春秋公羊》等的研究，写成了17卷82篇《春秋繁露》。

他仍继续从事对《春秋》微言大义的研究，从《春秋》的某些语言做出很神秘而又实有所指的注解。这就是汉代兴盛的"今文经学"的初期，他写了许多有关"今文经学"的文章。所谓今文经学是指用秦汉时期流行的隶书写的解释《春秋》的文章，首先做这种文章的就是董仲舒。

除了研究这类经学的文章以外，董仲舒还整理了各次上疏的文章和其他一些议论性的文字，据史书记载，他一共写了123篇这类文章，然而到现在，大部分已经遗失，流传下来的只有 10 多万字。

董仲舒没有把自己写的书命名为《春秋繁露》。传他成书之前，梦见有龙入怀，于是创作了这本书，当然只是传说。然而他写了好几十篇文章，分别叫《闻举》《玉杯》《蕃露》《清明》《竹林》等，却没有把他们编撰成书。一般认为是后人辑录编纂而成。因为这些文章是一部连贯的儒学之书，于是给它们冠名为《春秋繁露》。

《春秋繁露》大致上体现了董仲舒的思想。然而他在书中掺杂了不少关于神学的内容，从头至尾都贯彻着他的神学观。他还强调了天的至高无上。在《五行相生》篇中，他又重复了自己关于阴刑阳德的说法。

董仲舒从儒家思想出发，在书中表达了"仁义"的改良主张。在《仁义法》篇中，他解释"仁义"为"爱人""克己"。在《制度》篇中，他还指出土地兼并是社会等级破坏、农民贫困作乱的原因，还主张废除奴婢制。

在《身之养重于义》中，他说以"利""养体"，是人之天性，因此要用"礼"来防范老百姓，引导百姓如何取利。

他还把"天人感应"的思想融进了文章中，他说王者能起参天地的巨大作用，广大"民""众"也能影响上天。更重要的是，他把"四权"和"三纲五常"在书中做了归纳，在《基义》中用天地、阴阳之道论证了三纲，他说君为臣纲、父为子纲、夫为妻纲是上天的意志。在《春秋繁露》中，董仲舒还阐述了"三统说"。三统从黑统开始，经历白统至赤统，又复归黑统，他认为这样就是历史的发展规律。

在书中，他进一步总结了他的"性三品说"，在《深察名号》中，他认为每个人身上都有仁贪二气。就如同天有阴阳二道一样，君主和圣人的出现就是为了教民为善。在《实践》篇中，他把人性分为三等，在《竹林》篇中说人的节情、化性、正命最终都依赖于圣人和天意。

公元前 121 年，董仲舒已归家 10 多年，这期间汉朝达到鼎盛。他尽管在家中著书立说，养病在家，但仍十分关心朝政大事，甚至他 75 岁时，还积极写奏章给汉武帝，坚决反对盐和铁官营的政策，认为这样加重了人民的负担。

公元前 104 年，在他写完最后一篇奏章后不久，他便因病去世，被葬于西汉时期京师长安的西郊。

有一次，汉武帝经过董仲舒的墓地，为了表彰董仲舒为汉王朝的效劳尽忠，表达自己的哀思之情，他特地下了马致意。因此，董仲舒的墓地又被称为"下马陵"。

董仲舒的一生，走过了 75 个春秋。从一位杰出的学者到皇帝的智囊，从当相治国到归家著书立说，他主要是作为一名思想家度过其一生的。他的廉洁正直，刻苦钻研的精神，得到了后人的赞美、推崇。

西汉时期称他是超过伊尹、管仲、姜子牙的相国大材，东汉时期王充称他是孔子的继承人。此后司马光、二程、朱熹等极力推崇他。元代把他请入"圣庙"受祭，明代封他为"先儒"，给他盖上了"董子庙"。

他的哲学思想，有一些可取之处，在当时也有适应历史发展的要求，他的神学是统一于他的哲学之中的。但他以神学为目的，甚至搞一些装神弄鬼之事，实不足取，不过，这并不妨碍他作为一个伟大的思想家，促进了我国历史的发展。

道之以德，齐之以礼

子曰："道①之以政，齐②之以刑，民免③而无耻④；道之以德，齐之以礼，有耻且格⑤。"子曰："吾十有⑥五而志于学，三十而立⑦，四十而不惑⑧，五十而知天命⑨，六十而耳顺，七十而从心所欲，不逾矩。"

【注释】

①道：同"导"，引导。

②齐：整齐、约束。

③免：避免、躲避。

④耻：羞耻之心。

⑤格：改正。

⑥有：同"又"。

⑦立：站得住的意思，引申为说话行事有独立见解，能立足于社会。

⑧不惑：掌握了知识，不被外界事物所迷惑。

⑨天命：指不能为人力所支配的事情。

【解释】

孔子说："用法制禁令去引导老百姓，用刑罚来约束他们，老百姓虽然能避免犯罪，但没有羞耻之心。如果用道德来教化他们，用礼来约束他们，老百姓不仅会有廉耻之心，而且人心也会归服。"

孔子说："我 15 岁立志于学习；30 岁能够自立；40 岁能不被外界事物所迷惑；50 岁懂得了天命；60 岁能正确对待各种言论，不觉得不顺耳；70 岁能随心所欲而不越出规矩。"

【故事】

晋文公姬重耳文治武功

晋献公年老的时候，宠爱一个叫骊姬的妃子，他想把骊姬生的小儿子奚齐立为太子。晋献公另外两个儿子重耳和夷吾都感到很危险，就先后逃到别的诸侯国避难去了。

晋献公去世后，晋国发生了内乱。后来夷吾回国夺取了君位，也想除掉重耳。重耳同狐偃和赵衰等人再一次到别处逃难。他们先后逃到狄、卫国、齐国、楚国。

楚国的成王把重耳当作贵宾，还用招待诸侯的礼节招待他。

有一次，楚成王在宴请重耳的时候，问重耳将来怎样报答他？重耳说："要是托大王的福，我能够回到晋国，我愿意跟贵国交好，让两国的百姓过上太平的日子。万一两国发生战争，在两军相遇的时候，我一定退避三舍！"

公元前 636 年，流亡了 19 年的重耳终于回到晋国，并被众人拥立为君。这就是晋文公。为巩固统治地位，晋文公便找来狐偃、赵衰等人商量改革朝政，令狐偃与赵衰制订国策，建立制度。他让狐偃全权改革，并让赵衰辅之，进行了一系列的改革。

在生产上，号召改进工具，施惠百姓，奖励垦殖；在贸易方面，降低税收，积极争取邻商入晋，互通有无，经济获得了繁荣的发展。

同时，大量起用受惠公、怀公时代受到迫害的旧族，提拔才能突出的新贵，笼络新旧贵族，使统治集团能够和谐相处。

晋文公还设立了三军。

在赵衰的建议下，任命郤縠为中军元帅，郤溱为中军佐。任命狐毛为上军将，由狐偃辅助。任命栾枝为下军将，先轸为下军佐。这样，公族为主，外戚为次，远亲为辅，形成了由六卿统领军队的完整阵容。

经过大刀阔斧的改革，晋国已越入强国之列。但晋文公之志不仅在此，他要称霸中原。就在晋文公为尊天子绞尽脑汁之时，机遇来临了。

公元前636年，周襄王与胞弟王子带发生火并，王子带联合狄人军队攻周，大败周军。在这种情况下，晋文公名正言顺地下令出兵勤王。叛军在晋国部队大举攻击下，很快溃不成军。周襄王被迎回王都。

周襄王大为感动，亲自接见晋文公，并好酒好肉招待。为了让晋国更加方便地辅弼王室，周襄王将阳樊、温、原、欑茅4个农业发达的城池赐予晋文公。

由此，晋国南部疆域扩展至今太行山以南、黄河以北一带，为其日后图霸中原提供了有利条件。逐鹿中原的大门顿时大开。

平定王子带之乱后，晋文公个人形象和晋国的国际形象都得到了极大地提升。于是，晋文公率军威慑卫国，令卫国大为恐慌。不久，晋国主力南移至曹国，俘虏曹共公，令曹国附晋。

此时国际形势错综复杂。当时楚成王本想与晋国一决高下，目标是救援卫国和曹国，不想卫、曹两国竟被晋国策反。于是，楚成王派大将成得臣率领楚、陈、蔡、郑、许五国兵马攻打宋国，以制衡晋文公。

在形势危急的情况下，宋襄公的儿子到晋国请兵援救。晋文公听从了大臣们的建议后，便派出了数万大军，浩浩荡荡去救宋国。晋、楚两国刚一交战，晋文公就立刻命令往后撤。

晋军中有些将士想不开，狐偃解释说："当初楚王曾经帮助过主公，主公在楚王面前答应过：要是两国交战，晋国情愿退避三舍。今天后撤，就是为了实践这个诺言。要是我们对楚国失了信任，那么我们就会理亏了。假如我们退了兵，他们还不罢休的话，步步进逼，那就是他们输了理，我们再跟他们交手也不迟。"

晋军一口气后撤了90里，到了城濮才停下来，布好了阵势，并严密监视战场情况。楚国有些将军见晋军后撤，想停止进攻。可是成得臣却不答应，一步紧一步地追到城濮，跟晋军遥相对垒。

公元前632年某日清晨，在城濮原野之上，晋、楚两国大军集结完毕。一场关乎晋文公政治生涯乃至华夏文明走向的大战即将来临。晋文公登上高台，指挥晋军。晋文公手下大将先轸、郤溱率领中军，护卫在晋文公左右。狐毛、狐偃领上军居右，栾枝领下军居左。

大战开始了。刚一交手，晋国的将军用两面大旗，指挥军队向后败退。他们还在战车后面拖着伐下的树枝，让战车拖扬起一阵阵尘土，显出十分慌乱的模样。成得臣原本不把晋军放在眼里，他见此情形，就不顾一切地直追上去。结果，正中了晋军的埋伏。

此刻，晋军的中军精锐，突然猛冲过来，把成得臣的军队拦腰切断。那些原来假装败退的晋军也回过头来，会同中军前后夹击，把楚军杀得七零八落。

晋文公爱惜圣灵，他吩咐将士们，只把楚军赶跑，不要再追杀。成得臣带了败兵残将回到半路上，觉得自己没法向楚成王交代，就自杀了。晋军占领了楚国营地，尽获楚军遗弃的粮食，凯旋回国。晋文公霸业已成，率军撤退，一路高奏凯歌，军容甚整。

公元前632年，晋文公奉周天子之命，召集各路诸侯在践土会盟。同年冬，晋文公在周、晋边界线上，再度以霸主之命号召诸侯，并由自己主盟，加固诸侯之间的联盟。

公元前631年，周襄王欲召集诸侯，他让晋文公代替自己发布命令，要诸侯到翟泉面见周天子。周襄王还特许晋国狐偃代晋文公主持会盟。当年6月，诸侯大会在翟泉如期举行，在活动中，晋国彰显了高人一头的优越感。翟泉会盟，标志着晋文公的霸业达到了巅峰。城濮之战和3次会盟后，中原出现了晋国独大的新格局。诸侯们在晋文公霸主的光辉之下，积极拥护晋国。但也有例外，他就是特立独行的郑文公。

现在晋国势大，郑文公对晋国更不放心了。于是，郑文公就与楚国联络，希望以此为助力，打击晋国势力，但这一消息不胫而走。晋文公本来早就想伐郑以报当初轻慢之恨，这次正好有了借口。

公元前630年，晋文公向郑国发起进攻，此番征战虽未灭郑，郑文公再也不敢对晋无礼，从此小心侍奉晋文公。两年后，郑文公去世，晋文公送在晋国做大夫的郑国公子兰回国即位，这就是郑穆公。郑穆公在位22年，始终是晋国的重要追随者。

晋文公在霸业初定后设立了三行建制，即中行、右行和左行。三行军主要是为了防御在太行山一带游弋的胡人。这支军队作为晋国不怎么起眼的后备军，却为后世史家所反复提到。因为按照周代制度，诸侯扩军不能超越三军，而此时晋国则是 3 支正规军，外加 3 支后备军。可见其势力之大。

晋文公即位以来，他文倚狐偃、武用先轸，整个晋国高层和气一堂，大家同心协力。事实上，狐偃、先轸等都属于作风强硬的政治家，这就难免会产生摩擦。这时很需要一位虚怀若谷、高风亮节的人来润滑摩擦，而这个人，就是当年曾经陪同晋文公历尽磨难的赵衰。

公元前 629 年，晋文公举行了盛大的阅兵式。为了表彰赵衰，为了使贵族们的权益分配更加合理，也为了满足自己的虚荣心，晋文公裁撤仅存在了 3 年的三行预备役，增设新二军，即新上军、新下军。

以赵衰为新军最高领导。在晋文公的刻意安排下，赵衰统领新军。诸侯扩为五军，旷古未有，这再一次证明，晋文公享受着诸侯领袖的绝对优势与权威。

公元前 628 年，功成名就的晋文公病重，年迈的身躯已经无法支撑他的生命。不久，一代霸主晋文公与世长辞，晋国大丧。

晋文公时代结束，晋襄公时代来临……

孔子行礼虚心求教渔夫

有一天，孔子和众弟子在树林里休息。弟子们读书，孔子独自弹琴。一曲未了，一条船停在附近的河岸边，一位须眉全白的老渔夫走上河岸，侧耳倾听孔子弹奏。孔子弹完一曲后，渔夫招手叫孔子的弟子到他跟前问道："这位弹琴的老人是谁呀？"

一位弟子说："他就是以忠信、仁义闻名于各国的孔圣人。"渔夫微微一笑，说："恐怕是危忘真性，偏行仁爱呀。"渔夫说完，转身朝河岸走去。弟子把渔夫说的话报告孔子。孔子听后马上放下琴，惊喜地说："这位是圣人呀，快去追他！"

孔子快步赶到河边，渔夫正要划船离岸，孔子尊敬地向他拜了两拜，说："我从小读书求学，到现在已经六十九岁了，还没有听到过高深的教导，怎么敢不虚心地请求您帮助呢？"

渔夫也不客气，走下船对孔子说："所谓真，就是精诚所至，不精不诚，就不能动人。所以，强哭者虽悲而不哀，强怒者虽严而不威，强亲者虽笑而不和。真正的悲没有声音让人感到哀，真正的怒没有发出来而显得威，真正的亲不笑而让人感到和蔼。以此用于人间的情理，事奉亲人则慈孝，事奉君主则忠贞，饮酒则欢乐，处丧则悲哀。"孔子听得入神。渔夫说完跳上小船，独自划船走了，孔子还在沉思。

周公制定礼乐典章制度

自从周武王灭商后，周天子把同姓宗亲和异姓功臣分封到各地做诸侯，形成了以周天子为中心的封建管理秩序。

在周武王去世后，其子周成王即位，由于周成王年幼，就由周成王的叔叔姬旦摄政当国。姬旦，也称"叔旦"，因是周代第一位周公，又称"周公旦"。他是周文王姬昌的第四子。

在周公摄政之前，商王朝对于臣服的方国、部落虽加有侯、伯等封号，但始终没有形成完整的分封制度，没有系统的控制方案，所以天下的方国时而臣服，时而反叛，使商政权很不稳固。

周公就从王朝的长治久安出发，吸取了商代的建制不完备的教训，开始对分封制度重视起来，目的是使之系统化、制度化，并与宗法制度紧密结合起来，全面推广到广大地区。这样一来，一个有别于商的新的分封制度便呼之欲出了。

为了巩固周王朝对分封的各个诸侯的管理，周公从政治及文化方面制定了一套完整的典章制度，史称"周公制礼作乐"。

周公辅佐周成王一共7年，在第六年时，他在洛邑制礼作乐。后来洛阳的周公庙里有个礼乐堂，就是专门纪念周公在洛邑制礼作乐的。礼乐堂位于定鼎堂的北边，里面有一组泥塑人物群像，再现了周公制礼作乐的场面。

在当时，洛邑人大多是殷商遗民，是一群"亡国者"，他们表面上臣服于周朝，但是骨子里仍不和周王朝一条心，时刻都有复辟的可能。周公在洛邑理政，第一要务就是解决这个问题。

周公下达命令，让安阳一带殷商遗民统统向洛邑方向集结，并指着已经建好的成周城对人们训话说："你们听着，现在我不忍杀掉你们，但要向你们下达命令。我在洛水附近修建了这座大城，是方便四方诸侯前来朝贡的，也是为你们服务王室提供方便，免得你们从大老远的地方奔赴而来，遭受劳

分封諸侯

顿之苦。"

周公接着说: "你们必须顺从并臣服于我们。你们仍有你们的土地, 可以安心从事劳作和休息。如果不敬事周国, 你们不但会失去土地, 还会受到上天的惩罚。如果你们能够安心住在这个城邑, 继续劳动, 你们的子孙就会兴旺起来。"

为了有效管理殷商遗民, 周公派了兵力, 其实这些兵力当是为了应付东方战事而准备的, 之所以这样设防, 只不过陈兵于此, 也是为了威慑殷商遗民罢了。

周公是个很勤奋的人, 他常常挑灯夜读, 研究殷人的礼制。他发现在殷商时期, 君位的继承多是"兄终弟及", 传位不定。

在周公看来, 这样根本不行, 应该由嫡长子继承, 即以血缘为纽带, 规定王位由长子继承, 同时把其他庶子分封为诸侯卿大夫。这样一来, 严格的君臣、父子、兄弟和亲疏、尊卑、贵贱关系就显现出来了, 从而形成了以血缘关系为纽带的宗法制。

首先, 周王是上天的元子, 即长子, 称天子, 是天下的共主, 是大宗, 而和周王有叔伯、兄弟关系的同姓诸侯是小宗。接下来是异姓诸侯, 这些人和周王室大多有亲戚关系, 从上至下, 是天子、诸侯、大夫、士, 从而就形成了一套君臣、父子、上下和尊卑、亲疏等礼仪制度。

也就是从中央到地方, 从王侯至臣民, 各种关系都理顺了, 那就是地方必须服从中央, 臣子必须服从君王, 儿子必须服从老子, 一级一级等级森严, 这样就加强了中央政权的管辖力度。

周公分出了长幼、尊卑、远近和亲疏来, 并分出了等级, 使每个人都本分地待在自己的位置上, 人人都守规矩, 不能乱来。

周公规定的礼非常细致。譬如, 一个生活在周某群落里的人, 就得遵守以下的礼: 办丧事的时候不能谈笑; 远望灵柩的时候不许唱歌; 吃饭的时候不要叹息，不能说话，不能发出咀嚼声；邻居们有丧事，不能兴冲冲地走路；听音乐的时候，不许唉声叹气等。

在周公制定的周礼中，还有一种礼叫"谥"，或者叫"谥法"。就是在每个天子乃至诸侯去世后，根据他生前的政绩和为人的好坏要取一个代号，以概括他的一生。譬如周武王姬发，因灭商有功，去世后他被谥为"周武王"。

周公不但制礼，同时还作乐。周公认为，礼和乐的区别是：礼调身，让人人的行为都有规矩，不能越过雷池；乐调心，让人人都与环境和谐，不能心急气躁，生出事端。他要让礼和乐相辅相成，相处和谐。

周公制定的礼是讲究等级和差异的，而他制定的乐则讲究和谐。这里的乐虽指音乐却超越了音乐，带有浓厚的社会色彩。

举例来说，《诗》原是用音乐伴奏的歌词，有《风》《雅》《颂》之分。《风》是指不同国家地区、不同风格的乐曲；《雅》是指西周王畿的乐歌；《颂》是天子用于祭祀和其他重大典礼的乐歌。

《雅》和《颂》的乐曲由于用途、声调不同，所以要使用不同的乐器。如果用错了，例如该用琴的却用了瑟，就是违礼，乐师就要受惩罚。而琴又有雅琴、颂琴之分，绝对不能搞混。在当时，招待宾客，举行宴会，举办典礼，都必须由乐工奏乐或歌唱，所唱的乐歌、所用的乐器都分着等级，不能乱来。

周公制礼作乐，其基本指导思想是"崇德保民"，这就是周公的德治思想，这一思想是在周公对殷周之际天命观的改造中提出来的。

"崇德"这个词在周公初期之前没有，以后才广泛使用。周公重"德"，认为王者之德是政权兴衰的关键所在。周公认为敬德就需保民，保民是敬德的体现。这就是后世"有德者王"或"得民心者得天下"的蓝本。

周公提出的"敬德保民"，是夏商以来我国思想从敬鬼神到重人事的一大转变。而德治思想的体现方式，就是周公的制礼作乐。周公制礼作乐，以礼乐来划分人间的等级秩序，同时又以礼乐来调和该等级秩序，两者相辅相成。其意义非常重大，它标志着周王朝的管理体系彻底走向正轨，并对西周社会的稳定起到了重要作用。

更为重要的是，由周公所提出的德治思想，开启了此后我国300多年的文明历史，礼乐文化直接孕育了后来的儒家文化，后来的儒家文化则是在西汉武帝时一跃成为我国文化主流的，这就是后来儒家思想的渊源。

周公不仅是一位大政治家，而且还是一位大思想家，是儒家思想的奠基者，是他奠基了儒学，影响了孔子，在古代史上享有崇高的地位。周公为中华民族留下了宝贵的思想财富和精神财富。

孔子胸怀理想实地考察

由于仲尼从小就对周礼非常向往，这个念头随着年龄的增长更趋浓厚了，因此他很想到周都洛阳去走一遭。

洛阳地处黄河流域位置适中。那时长江流域尚未开发，全国的文明集中在黄河流域，洛阳是该流域的中心。仲尼对洛阳的一切都深感兴趣，他每天都到各地去参观。

在祭天地的场所的墙壁上，他看到了绘着周公辅佐年少的周成王接见诸侯的图画。周公早就是仲尼心中的偶像。仲尼被这幅图画吸引住了，周公温和高贵的容颜、从容不迫的风度，令仲尼看了不由得生出敬畏之心。

有一天，仲尼到周王室图书馆去拜访老子。那时老子是国立图书馆的馆长，兼任记录国家历史的史官。仲尼向老子请教"礼"和古代的制度以及文物。老子对于礼很有见解，令仲尼颇多受益。在这之后，仲尼常去拜访老子。仲尼归国后向弟子们说：

谁都知道鸟是会飞的，也知道鱼是会游的，更知道兽是能走的。

至于龙我就不知道，它能乘风云而上天，老子就是像龙一样的人物。

仲尼在洛阳的所见、所闻、所感，在他的一生中产生了极其深远的影响，对他后来建立的儒家学说是具有指导意义的。

为了推行政治主张，在公元前517年，仲尼带着自己的弟子们踏上赴齐国的道路。仲尼去齐国是有原因的。原来，因仲尼目睹贵族内部的权利之争，深感调和贵族内部关系的周礼在鲁国君臣那里已被肆意践踏，因而十分愤慨和痛心。

仲尼对违礼的鲁国季氏等三家大夫特别不满，实在不愿与三家大夫为伍。怎么办呢？他忽然想到，听说齐国的贤相晏婴当政很有作为，齐景公也是一个贤明的君主，到那里也许能有所作为。于是他决定到齐国去。

到达齐都临淄以后，仲尼并没有立刻去见齐景公。因为仲尼在鲁国虽然已有相当的名声，齐国不少人也听说过他，但在当时等级森严的社会里，仲尼"士"的身份还是太卑微了，贸然去见齐景公，很可能被拒绝。所以，仲尼就先去拜见齐卿高昭子。

高昭子是齐国大贵族，与田氏同为齐卿，在齐国有很大的势力和影响。他热情地接待了仲尼并让他做自己的家臣。因为他早就耳闻仲尼的学识。

仲尼在高昭子家里安顿下来以后，一面从事教学，一面办理高昭子交代下的事情，同时广泛访问齐国的权要人物，等待齐景公召见的机会。到齐国不久，仲尼就拜访了齐国的国相晏婴，双方进行了多次谈话和辩论。

晏婴出身于齐国大贵族之家，在齐灵公、齐庄公、齐景公三代国君统治时期做官，齐景公时当上齐相，是管仲之后最有作为的政治家。

仲尼在齐国住了一年多，希望得到齐景公的信任，给自己一个从政的机会，以便实践自己"君君、臣臣、父父、子子"的理想。可是一等再等，他

道之以德，齐之以礼

从政的希望化为泡影。因为在齐国从政的希望已经不存在了，就产生了离开齐国的念头。

在仲尼由齐国回归到鲁国后的公元前503年，鲁国权倾朝野的阳货发动叛乱事件，给鲁国造成了重大危害。针对"乱贼臣子"的叛乱行为，仲尼决定对社会举办一次开门讲学，向学生和社会上各方面人士专题评析阳货。

冬季的一天上午，杏坛的学堂里挤得水泄不通。除了学生，还有民间的有识之士、鲁国官吏。仲尼评析了阳货叛乱事件的原因，反叛的四步险棋，以及叛乱事件的危害。在讲学的最后，仲尼发表了自己对平定阳货叛乱事件的感悟。

仲尼讲完了，热烈的掌声、议论声交织在一起。仲尼的声名日渐高涨。

公元前501年，51岁的仲尼接受鲁国政府和季氏的聘任，担任地方官中都宰。中都位于后来山东的汶上县与梁山县之间，辖区约等于一个县。

仲尼以身作则，忠心为国，不谋私利，努力实践自己恢复周礼的政治理想。他希望鲁国从此振作起来，自立于列国之林，成为各国仿效的榜样。

随着时局的变化，仲尼为求政治发展，于公元前 497 年，离开生养他的父母之邦，为了保持自己清高的人格，也为了寻求新的从政机会，仲尼开始了为期 14 年周游列国的生涯。

仲尼安排好家事，安顿好留下的弟子，便带领自愿随行的子路、子贡、颜回、冉求、宰予、高柴等学生走上了通向卫国国都帝丘——即河南濮阳东南的大路。但是卫灵公并没有给仲尼安排具体职务，因而，仲尼整天除了教学活动就是会会朋友。

不久，有人向卫灵公进谗言，说了仲尼不少的坏话，卫灵公就派人监视仲尼的出入。这使仲尼难以忍受。仲尼和学生们商量一番，担心继续留在这里会出事，便决定尽快离开。

公元前 497 年，仲尼带着弟子们离开了卫国，南行经过曹国后，到达了后来以河南商丘为中心的宋国。

宋国是仲尼祖先生活的地方，他青年时代曾到这里考察过殷礼，他夫人亓官氏的娘家也在这里，所以仲尼对宋国有特殊的感情。到宋国后，仲尼希望受到热情的接待，想在这里住上一段时间。然而，当权的宋景公对仲尼这位与自己有着血缘关系的名人却相当冷淡，连国君应有的礼贤下士的样子也没有装一装。

仲尼只有摇头叹息。他明白，他的祖先曾经生活过的这个国家，已经丧失了复兴的希望。于是，师徒换上宋国百姓的服装，分成几个小组，秘密潜出宋国国都商丘。经过数日跋涉，仲尼到达新郑城郊。

郑国是春秋初期建立的诸侯国，在武公、庄公时期曾盛极一时，使中原的诸侯大国侧目而视。后来，国势逐渐衰落。由于在"五霸"争雄的岁月里处境十分困难，只能在朝秦暮楚中艰难维持。

当时，郑国出了一个著名政治家子产，他的行政措施和个人品格一直受到仲尼的赞扬。听到子产去世的消息，仲尼曾难过得流下热泪。仲尼对子产保护乡校的事迹大加赞赏。

仲尼此次来到子产的国家，带着学生四处走访子产的遗迹。他在郑国停留的时间不太长，只是作为一般游历者，在郑国的土地上留下了自己的足迹。

公元前492年，仲尼一行离开了郑国直下东南，来到陈国的国都宛丘，即河南淮阳。他们先投奔司城贞子，通过他会见了陈闵公。陈闵公对仲尼的博学多闻惊异不已，欢迎仲尼到来，给予他很高的礼遇，让他住最好的馆舍，聘请他充当官府的文化顾问。希望仲尼能帮助他改变国势衰落的局面。

仲尼在陈国的生活比较安定、闲适，除了进行教学活动外，他更多地与弟子们一起到陈国名胜之地或郊野游览。然而，陈国毕竟是一个日趋衰落的小国，仲尼在政治上很难有所作为。

不久，从鲁国传来鲁国执政季桓子病死的消息。季桓子死后，季康子承袭爵位并成为鲁国的执政。他办完季桓子的丧事后，准备依照父亲的遗愿召回仲尼。季康子于是派出使者来到陈国，向仲尼师徒传达了召回冉求并加以重用的意向。

冉求回鲁国后，做了季氏的家臣。但仲尼在陈国迟迟得不到召他回国的消息。这时，却传来楚昭王要聘请仲尼去楚国，并打算以书社之地700里封赏仲尼的消息。

仲尼放弃了在楚国从政的希望，他想，何不借此机会在这个陌生之地广泛游历一番，以深入了解这里的历史文化呢？

在楚国的3年里，仲尼师徒的足迹遍布北起方城即后来属河南、南至汉水、东至新蔡、西至南阳的许多地方。他和他的弟子们尽情地徜徉在汉北的青山碧水之间，在山林、河边、田间、道路、邑里，在他们经过的一切地方，与社会下层各色劳动者，如农夫、渔夫、牧童、隐士等有过广泛的接触，充分地了解了楚国的风土民情和深植于民间的楚国文化。

公元前484年，从鲁国传来不少振奋人心的消息。在鲁国，仲尼弟子们个个表现不凡，这使季康子感到有必要迎回他们的老师。于是派出公华、公宾、公林等作为使臣，携带厚礼前来卫国，迎接仲尼返回故国。

鲁国需要仲尼回去，仲尼更想回到鲁国。这两个条件一起具备的日子终于来到了，仲尼终于踏上了回家的路途。公元前484年，68岁的仲尼终于结束周游列国的生涯，回到了久违的鲁国。

仲尼返国后，朝中官员以及众多的故旧亲朋、昔日弟子，络绎不绝地前来探望。因为仲尼年事已高，不宜担任具体官职，鲁国就给予他很高的待遇，并尊之为国老。

仲尼经过多年实地考察，回国后开始潜心治学，由此开启了影响历史达数千年之久的儒学先河。

世界级医学伟人张仲景

张仲景儿童时就很聪颖，成年后拜同郡张伯祖为师学医，颇有造诣，时人称赞他的医术已超越老师。

在那个战争频繁的年代，疾病流行。当时著名的"建安七子"中，就有徐干、陈琳、应玚、刘桢因传染病死去的，可见疾疫流行的严重程度。当时人们对疾病的认识却是错误的，一些患病之家迷信巫神，总是企图用祷告驱走病魔。

医生得不到临床实践机会，所以很少研究医术，而终日却以主要精力结识豪门，追求荣势，这样医学当然很难得到发展。

在这样的历史背景下，张仲景深有感触，决心解决危害人民的疾病问题。为此，他从阅读《素问》《九卷》《八十一难》《阴阳大论》等前代古籍入手，在"勤求古训、博采众方"的基础上，经过多年临床实践的验证，最终写成了《伤寒杂病论》一书。

《伤寒杂病论》原书16卷，因战乱关系，书籍曾经散佚，现存张仲景著作是经西晋太医王叔和整理过的。计整理出《伤寒论》10卷、《金匮玉函经》8卷、《金匮要略方》3卷。

上述书籍，《金匮玉函经》在北宋以后流传并不广泛，研究者很少，《伤寒论》和《金匮要略方》则流传日广。特别是《伤寒论》，在北宋时研究者就开始增多，其主要学术内容是多方面的。

首先，《伤寒论》确立了辨证施治基础。《伤寒论》发展了《内经》学说，确立以"六经"作为辨证施治的基础。"六经"辨证原是《素问·热论篇》根据古代阴阳学说在医学中运用而提出的辨证纲领。

"六经"是指太阳、阳明、少阳；太阴、少阴、厥阴，是按照外感发热病起始后，在发展过程中出现的各种症状，并结合患者体质强弱的不同，脏腑和经络的生理变化，以及病势进退缓急，加以分析综合得出的对疾病的印象。

太阳、阳明、少阳是指表、热、实证；太阴、少阴、厥阴是里、寒、虚证。

凡病之初起，疾病在浅表，出现热实现象的，如脉浮，头项强痛而恶寒者，属于阳证的便称太阳病。凡病邪入里，病情属于阳证，并表现胃中燥实，大便干燥、发热谵语、口渴、舌苔黄厚等属热实在里，称阳明病。

另一种既非表证，又非里证，症状表现为口苦、咽干、目眩、胸胁苦满、寒热往来的半表半里状态，也属阳证范畴，称少阳病。

所谓三阴病，一般多是三阳病转变而来，特点是不发热，症状表现虚寒现象。如腹满、呕吐、腹泻、口不渴、食不下等称太阴病；如疾病出现脉象微细、四肢厥逆、怕冷、喜热饮，说明气血虚弱，称少阴病；还有一类疾病多因误治，呈现上热下寒，忽厥忽热，饥而不思食，或下利不止，手足厥冷，呈现寒热错杂现象的称厥阴病。

上述按"六经"证候的分类并不是孤立的 6 种证候，而是它和人体脏腑、经络、气化各方面都有机地联系一起进行观察认识的。从总的方面说，三阳表示肌体抵抗力强，病势亢奋。三阴病表示肌体抵抗力弱，病势虚弱。

"六经"辨证的治疗，各有一定治则。如太阳病按证候又有中风、伤寒、温病之分。

凡无汗、脉紧的，属表实，方用麻黄汤发汗，开腠理，驱寒邪。如脉浮缓，有自汗，属表虚，则用桂枝汤解肌发汗。其他按证立方。

属于阳明病的，主要指的是胃有实热或邪热蕴里，又有阳明经证和阳明腑证之分。前者身热，汗自出，不恶寒，反恶热者，治疗以白虎汤清热保津为主；后者，症见身烧壮热，或潮热，手足有汗，绕脐痛，大便秘结，小便黄赤，故治疗以用三承气汤攻下燥结为主。

少阳病邪在半表半里之间，故以大、小柴胡汤为主方。至于三阴病，因属虚寒、虚热之证，疾病起因多属寒邪直中少阴，以及年老虚弱抗邪乏力之人，病情均较险峻。

另一种则为传经之邪，因误治而呈现身体蜷缩，手足厥冷、昏沉萎靡或下利不止，脉象不清等，是危重之象。法以理中汤、四逆汤或附子汤为主方，取温通中阳和回阳救阴之效。

张仲景"六经"证治，乃是在当时疾病流行之时，通过医疗实践总结的一个热病治疗的总规律。

其次，《伤寒论》创造了"八纲"辨证的诊断方法。《伤寒论》在辨证论治方面也有重要创造，这就是诊断疾病时，以阴、阳、表、里、寒、热、虚、实为纲，通称"八纲"，"八纲"中阴、阳为总纲。

表、热、实属阳；里、寒、虚属阴。凡外感疾病，对身体壮实的人来说，病邪多从阳化，形成表、热、实证。而对身体虚弱的人来说，病邪多从阴化，成为里、寒、虚证。

"八纲"辨证的诊断方法是应用望、闻、问、切四诊法。从观察病人面色、形体、舌质，聆听病人声音，嗅闻排泄物气味，询问病史，现有病情，以及通过切脉、诊肌肤，了解病情的诸方面，从而取得疾病的深浅程度，病象的寒热、盛衰印象，然后分别疾病所属三阳、三阴的某一类型。

张仲景的《伤寒论》非常重视疾病的变化和假象。如一些症状，类似实热证候，而脉象却呈现沉细无力的，或如四肢厥逆者，而脉象却呈现沉滑有力的，都是真寒假热或真热假寒现象，《伤寒论》有多条例证。

另外，张仲景认为在诊断病情时，脉象和证候要互相参证取得病情依据，有时要根据症状诊断病情，有时要根据脉象诊断病情。

最后，《伤寒论》给出了用药方法。《伤寒论》在用药方法上是多种多样的，可归纳为汗、吐、下、和、温、清、补、消8种方法。也可说是按照病情用药时的8个立方原则，通称"八法"。针对不同病情，可分别采取汗下、温清、攻补或消补的给药方法，也可分别并用。

凡寒证用热药或热证用寒药，为"正治法"。如疾病出现前面所说的真寒假热或真热假寒现象，可采取凉药温服，热药冷服，或者凉药中少佐温药，温药中少佐凉药。这称为"反治法"。

《伤寒论》一书所体现的治疗方法是多种多样的，是依据临床实际制订治疗方案的。有时先表后里，有时先里后表，或表里同治，极为灵活变通。

后世总结该书共包括 397 法，113 方。

其中"扶正祛邪""活血化瘀""育阴清热""温中散寒"等治疗方法，对后世学者有很大启发，得到广泛应用。

《伤寒杂病论》成书以后，对后世医学之发展影响极大。其中，"六经辨证"论治的体系，具有极高的临床实用价值。其系统的辨证施治思想不仅对外感热病的诊治具有指导意义，而且广泛适用于中医临证各科。

"八纲"辨证是在《内经》理论的指导下，对"六经"辨证内容在另一个理论高度上加以系统化、抽象化，是"六经"辨证的继承和发展；脏腑辨证为后世脏腑辨证理论体系的最终形成，奠定了良好的基础。温病学说实为伤寒学说之发展和补充，二者相互补充，使中医外感病症治疗体系趋于完善；本草学说为后世本草学之研究，开创了一个新局面；方剂学成就基本包括了临床各科的常用方剂，故被誉为"方书之祖"。

总之，《伤寒杂病论》所确立的辨证论治原则和收录的著名方剂等，向为历代医家奉为圭臬，因而该书实为后世临证医学之基石。

道之以德，齐之以礼

孟懿子问孝

孟懿子①问孝，子曰："无违②。"

樊迟③御，子告之曰："孟孙④问孝于我，我对曰无违。"樊迟曰："何谓也。"子曰："生，事之以礼；死，葬之以礼，祭之以礼。"

孟武伯⑤问孝，子曰："父母唯其疾之忧⑥。"

【注释】

①孟懿子：鲁国的大夫，姓仲孙，名何忌，"懿"是谥号。

②无违：不要违背。

③樊迟：姓樊名须，字子迟。孔子的弟子，比孔子小46岁，他曾和冉求一起帮助季康子进行革新。

④孟孙：指孟懿子。

⑤孟武伯：孟懿子的儿子，"武"是他的谥号。

⑥父母唯其疾之忧：其，代词，指父母。疾、病。

【解释】

孟懿子问什么是孝，孔子说："孝就是不要违背礼。"

后来樊迟给孔子驾车，孔子告诉他："孟孙问我什么是孝，我回答他说不要违背礼。"樊迟说："不要违背礼是什么意思呢？"

孔子说："父母活着的时候，要按礼侍奉他们；父母去世后，要按礼埋

葬他们、祭祀他们。"

孟武伯向孔子请教孝道。孔子说："对父母，子女唯恐他们生病。"

【故事】

孟子自我培养浩然正气

自强不息精神被孔门弟子用于实践后，儒家的主要代表之一孟子继承了孔子的衣钵，他强调"善养吾浩然之气"，体现了自强不息的生命智慧。孟子是战国时期邹国人，是古代著名思想家、教育家，战国时期儒家代表人物。他继承并发扬了孔子的思想，成为仅次于孔子的一代儒家宗师，有"亚圣"之称，与孔子合称为"孔孟"。

孟子思想的形成，是和他母亲的教育分不开的。是孟母的言传身教，才使得孟子逐渐成为一个彪炳千古的儒学大师级人物。

孟子很小时就失去了父亲，母亲守节没有改嫁。孟母对孟子的教育很是重视，管束甚严，希望有一天孟子能成才为贤。

一开始，他们住在墓地旁边。孟子就和邻居的小孩一起学着大人跪拜、哭嚎的样子，玩起办理丧事的游戏。孟母看到了，就皱起眉头："不行！我不能让我的孩子住在这里了！"孟母就带着孟子搬到市集。

到了市集，孟子又和邻居的小孩，学起商人做生意吆喝的样子。孟母认为："这个地方也不适合我的孩子居住！"就又带着孟子去靠近杀猪宰羊的地方去住。

在这里，孟子便学起了买卖屠宰猪羊的事。孟母知道了，又皱皱眉头："这个地方依然不适合我的孩子居住！"于是，他们又搬家了。

这一次，他们搬到了学校附近。每月农历初一这个时候，官员到文庙，行礼跪拜，互相礼貌相待，孟子见了一一都学习记住。孟母很满意地点着头说："这才是我儿子应该住的地方呀！"

孟母三迁以后，虽然为儿子的成长创造了良好的环境，但并没有因此放松对儿子的严加管教。她认为，如果主观上不勤奋努力，还是难成大器的，应该抓紧对儿子的教育。在孟母的悉心教导下，孟子勤奋学习，掌握了丰富的知识。

后来孟子拜孔子的学生为师，学成以后，以士的身份游说诸侯，推行自己的政治主张，没有得到实行的机会。最后退而讲学。

孟子是孔子思想的正统的继承者，他不仅授徒讲学，培养出了乐正子、公孙丑、万章等优秀的学生，还与弟子一起著书立说，著《孟子》7篇。

作为一代儒家宗师，孟子非常重视修养。在心性修养方面，孟子从"性善论"这一根本思想出发，注重以"劳其筋骨，饿其体肤，空乏其身"来锻炼意志，以"富贵不能淫，贫贱不能移，威武不能屈"的标准来衡量是否为"大丈夫"，培养自己的浩然正气。

在《孟子》篇卷3公孙丑章句里，有孟子与学生公孙丑这样一段对话。孟子的学生公孙丑问孟子说："老师，我大胆问一句，按现在话说就是你有什么本事和专长呢？"

孟子说："我懂人，我懂人的性情是如何的，我知人情世故。我善于培养、养育我的浩然之气。"

公孙丑又问孟子："老师，我再大胆问一句，什么叫作浩然之气呢？"

孟子回答说："很难用言语表达与讲述它。它就是一种气，而这种气，是一种至极而正直之气，唯正直才能刚大，而能洞察识微，合于神明，所以很难说清楚它。"孟子进一步指出："要培养这种气，就要培养自身的道德与正义，不要做不好的事来损害它。这样久而久之，则可使其气，滋蔓塞满于天地之间，布施德教没有穷尽。"

"气"是一个哲学概念。我国传统哲学思想中，它表达了一个蕴涵在天地间，能使万事万物具有运动变化动力的能量，这种能量的总和，就称为"气"。气聚而成形为物，气动而使事物产生运动变化。

孟子浩然之气中的"气"，是指人身的，但是又能与天地相通相合的。他说的气里，包含了"气"作为一种根本性能量而推动了天地运行变化所产生的现象与规律，以及这种天地运行变化的现象与规律对人的影响。这种天地运行变化的现象、规律和性质，以人文思想与观念来解释，就是天地的精神。

孟子的浩然之气是配义与道而生出的，是人身集合、积累了正义才能产生出来的，是内而出的，不是非正义的东西可以取代、取得的。他认为，人的行为不符合道义时，就必然没有力量，而必软弱。

为了培养浩然之气，孟子强调意志的磨炼。他举古人的例子来证明这一点。如舜从田野之中被任用，傅说从筑墙工作中被举用，胶鬲从贩卖鱼盐的工作中被举用，管仲从狱官手里释放后被举用为相，孙叔敖从海边被举用进了朝廷，百里奚从市井中被举用登上了相位。

所以，孟子认为："故天将降大任于斯人也，必先苦其心志，劳其筋骨，饿其体肤，空乏其身，行拂乱其所为，所以动心忍性，曾益其所不能。"

意思是说，上天将要降落重大责任在这样的人身上，一定要首先使他的内心痛苦，使他的筋骨劳累，使他经受饥饿，以致肌肤消瘦，使他受贫困之苦，使他做的事颠倒错乱，总不如意，通过那些来使他的内心警觉，使他的性格坚定，增加他不具备的才能。

孟子进一步强调，人经常犯错误，然后才能改正；内心困苦，思虑阻塞，然后才能有所作为；这一切表现到脸色上，抒发到言语中，然后才被人了解。

孟子还提出"生于忧患，死于安乐"的真知灼见：在一个国内如果没有坚持法度的世臣和辅佐君主的贤士，在国外如果没有敌对国家和外患，便经常导致灭亡。这就可以说明，忧愁患害可以使人生存，而安逸享乐使人萎靡死亡。

为了培养浩然之气，孟子强调应该有"大丈夫"志向。《孟子·滕文公下》记载：

富贵不能淫，贫贱不能移，威武不能屈，此之谓大丈夫。

意思是说，高官厚禄收买不了，贫穷困苦折磨不了，强暴武力威胁不了，这就是所谓大丈夫。大丈夫的这种种行为，表现出了英雄气概，显然是一种浩然正气。

"贫贱不能移"是人的理想、道德和一切做人的准则。这句话的真正意思是在告诫穷人：贫贱是很容易移的，恰如"富贵不能淫"实际上富贵是很容易沾染上淫的恶习一样，贫贱很容易使人将贫贱当作不可替代的理由，放弃理想、放弃道德、放弃一切做人的准则。

因此，穷人更应该有精神上的寄托，给自己的道德筑下"防洪堤坝"。

无顾影之忧，光明磊落，活得旷达，简单明了，一切非议传谣，自然风止。这种浩然之气，令人景仰钦羡。

培养浩然之气的过程，也就是加强道德意识的过程。这种气是通过长期道德实践的积累从内心自然产生的，不是凭偶然几次合乎道德的行为勉强袭取的。孟子甚至认为，只要培养得法，这种气就会变得伟大而刚强，并且四处扩散，上下流行，充塞于天地之间。这充分体现了孟子强调道德作用的思想以及他的学说中具有的神秘主义因素。

孟子的"浩然之气"具有丰富的内涵。它源于孟子性善论的哲学思想及这种哲学思想影响下的独特个性，它以儒家道义为内容，以道德情感为动力。

同时，它也是孟子物质生命活力和精神心理活力的表现，其贯注于《孟子》作品全篇，就形成了孟子的文字具有磅礴雄浑的气势。

孟子的"浩然之气"学说，造就了我们民族最可敬的中流砥柱般的代代精英，他们以救世者的责任感和使命感创造着灿烂的思想文化，推动着中华文明不断向前发展。

杨王孙裸葬反铺张浪费

西汉时，葬礼铺张浪费之风越刮越厉害。最初是王孙贵族们，后来，平民百姓也纷纷效仿。为了安葬死去的亲人，有的负债累累，有的甚至倾家荡产。

这时，有一个名叫杨王孙的官员，他想用自己的实际行动，带头改变这股劳民伤财的厚葬之风。

于是，他把几个儿子叫到面前说："我将来死后，我想裸葬自己，回到我原本真实的状态，你们一定不要改变我的意愿。你们可用一个布袋，把我头朝下脚冲上垂直装进去。然后挖一个七尺深的大坑，从脚后跟处抓住布袋，等尸体下去后就抽出布袋，让尸体直接与土地接触。"

儿子感到十分为难，不听从吧，违背父命是重大不孝；听从吧，于心不忍。但是杨王孙执意要儿子们按照他的安排去做。

几年后，杨王孙死了。他的儿子们按照他生前的安排，办了一个很简朴的葬礼。

杨王孙的做法在当时虽然并没有起到多大的作用，但却为后人丧葬从俭树立了好的榜样。

祭遵克己奉公称楷模

东汉时期的许多执政者，同样秉承了汉初勤政为民的执政精神，他们不计个人得失，心怀国家，心系百姓，愿做有益于国家和人民的事情。祭遵就是典型的一例。

祭遵，东汉初年颍阳人。他从小喜欢读书，知书达理，虽然出身豪门，但生活非常俭朴。

公元 24 年，汉光武帝刘秀攻打颍阳一带，祭遵去投奔他。汉光武帝收他为门下吏。后随军转战河北，当了军中的执法官，负责军营的法令。在任职中，他执法严明，不徇私情，为大家所称道。

有一次，汉光武帝身边的一个小侍从犯了罪，祭遵查明真情后，依法把这小侍从处以死刑。

汉光武帝知道后，十分生气，心想祭遵竟敢处罚他身边的人，欲降罪于祭遵。这时，主簿陈副来劝谏汉光武帝说："严明军令，本来就是您的要求。

如今祭遵坚守法令，上下一致做得很对。只有像他这样言行一致的人，号令三军才有威信啊！"

汉光武帝听了觉得有理，就赦免了祭遵，同时，让他担任刺奸将军，就是除暴去恶的将军，主要负责管制军事纪律。

汉光武帝曾经多次对诸将说："你们要小心祭遵啊，我的亲信犯了法，尚且被他处死，你们如果犯了法，他也绝不会徇私情的。"

公元 26 年春，祭遵拜为征虏将军，定封颍阳侯。

祭遵不仅执法严明，也是一位能征善战的将领。他与各路大将一起，北平渔阳，西征陇蜀，为汉光武帝建立的东汉政权立下了战功。

有一次战事结束，汉光武帝曾经到祭遵军营慰劳，饱飨士卒，令黄门侍郎为将士们做武乐，直至深夜才停止。当时祭遵有病，汉光武帝诏赐厚厚的坐褥，上面覆盖着皇帝用的御盖。

祭遵为人廉洁，为官清正，处事谨慎，克己奉公，常受到刘秀的赏赐，但他将这些赏赐都拿出来分给手下的人。

祭遵克己奉公，不治产业，家中也没有多少私人财产。自己一生，穿皮裤，盖布被。夫人裳不加缘，简朴至极。

祭遵的兄长祭午见他没有儿女，便替他做

主，娶了一妾给他送去。祭遵坚决不受。他认为自己身负国家重任，因而不敢图虑继嗣之事。祭遵不仅生活十分俭朴，即使是在临终前安排后事时，他仍嘱咐手下的人不许铺张浪费，只要用牛车装载自己的尸体和棺木，拉到洛阳简单下葬就可以了。

祭遵一生，很受汉光武帝赏识。他的去世，让汉光武帝悲悯异常。他的灵柩运回河南，汉光武帝命百官都去迎接，自己也素服亲临，望哭哀痛。汉光武帝经过他的车骑时，泪流满面，不能自已。然后，汉光武帝又亲自用太牢大礼祭祀他。

在举行祭遵的葬礼那天，汉光武帝再次亲临，封给"成侯"的谥号，给予他将军印绶和侯印绶。又用画像的容车载运祭遵的衣冠，命甲士列阵送葬。葬礼完毕，汉光武帝又亲自到祭遵的坟上吊唁，并到其家中慰恤其家属。

祭遵去世很多年后，汉光武帝仍对他的克己奉公精神十分怀念。后世常用祭遵的"克己奉公"四个字，来形容一个人对自己要求严格，一心为公的精神。

马太后不为亲族谋私

在东汉时期，汉章帝的养母马太后，也是一位深明大义，忧国忘家，值得后世称颂的女性。

马太后是东汉名将马援的小女儿，由于父母早亡，年纪很小时就操持家中的事情，把家务料理得井然有序，亲朋们都称赞她是个能干的人。她13岁那年，其堂兄马严上表请命，于是她进入太子宫。进宫后，她侍候汉光武帝刘秀的皇后阴丽华，很受宠爱。她和其他妃嫔友好相处，礼数周全，上下和睦，

于是特别受到宠幸，太子刘庄经常与她住在一起。

汉光武帝去世后，太子刘庄即位，就是汉明帝，马氏被封为贵人。由于马贵人无子，当初她异母姐姐的女儿贾氏也被选入太子宫，生刘炟，汉明帝就把刘炟交给她抚养。马贵人尽心抚育，对养子宽爱慈和，刘炟虽非她亲生，但犹如亲子。由于皇太后阴丽华对马贵人非常喜爱，后来立她为汉明帝的皇后。

马贵人当了皇后，生活还是非常俭朴。她常穿粗布衣服，裙子也不镶边。一些嫔妃朝见她时，还以为她穿了特别好的料子制成的衣服。走到近前，才知道是极普通的衣料，从此对她更尊敬了。

马皇后知书识礼，时常认真地阅读《春秋》《楚辞》等著作。有一次，汉明帝故意把大臣的奏章给她看，并问她应如何处理，她看后当场提出中肯的意见。但她并不因此而干预朝政，此后再也不主动去谈论朝廷的事。

汉明帝去世后，刘炟即位，这就是汉章帝。马皇后被尊为皇太后。

汉章帝在位期间，外戚的问题是十分突出的朝政大事。对于外戚的地位以及其间的争斗，汉章帝时严时宽，时松时紧，游移不定。马太后遵照已去世的汉光武帝有关皇后家族不得封侯的规定，从不准许自己的家人利用她的身份地位谋取权贵。

马太后不仅自己提倡节俭，还以此要求自己的娘家人。她对于娘家人因私害公搞特殊化的行为，从不放过。在马家亲属中，如谁犯了微小的错误，她便首先显出严肃的神色，然后加以谴责。对于那些车马衣服华美，不遵守法律制度的家属，马太后就将他们从皇亲名册中取消，遣送回乡。而对亲族中有简朴、谦让义行的，她就加以勉励。

有一段时间，汉章帝打算赐封3位舅舅马廖、马防和马光。马太后知道后坚决不同意，并下诏斥责那些上书建议册封外戚的大臣。

马太后在诏书上说：

凡上书言封外亲者，皆欲献媚于我谋求好处。凡外戚贵盛至极，少有不倒台的。所以先帝在世慎防舅氏，令其不在枢机之位。我怎么能上负先帝之旨，下负先人之德，重蹈西京败亡的覆辙呢？

特此布告天下。

马太后的这道诏书传出，大臣们不敢再多说什么。她如此做并不只是谦虚，而是怕娘家人权势过盛后会不知收敛，而在自己死后如同西汉的那些外戚一样遭受灭族大祸，正是真心为自己家人着想。

汉章帝看到马太后的诏书后，觉得有些愧对3位舅舅，再次请求赐封。

他向太后面请道："汉兴之后，舅氏封侯，与诸子封王一样，已成定制。太后原意是谦虚退让，为何不让我奉献加恩三舅的美意呢？且舅舅们年事渐高，身体多病，如有不讳，将使我遗恨无穷，望太后省察，宜及时册封，不该拖延。"

马太后规劝汉章帝说："儿女孝顺，最好的行为是使父母平安。如今不断发生灾异，谷价上涨数倍，我日夜忧愁恐慌，坐卧不安，而皇帝却打算先为外戚赐封，违背了慈母的拳拳之心。"

马太后了解汉章帝的心情，就进一步以马家没有为国立功为由，继续劝汉章帝说："我反复考虑，实在不应加封。从前窦太后欲封王皇后兄，遭到丞相周亚夫的反对，说高祖有约，无军功者不得封侯。今马氏无功国家，怎能与佐汉中兴的阴、郭两家相比？而富家贵族、禄位重叠者，定难持久。我已对此深思熟虑，勿再提加封之事。况且你刚接帝位，天气异常，灾害频仍，谷价腾贵。正应为此事考虑，如何安顿百姓，渡过难关。怎么放着正事不干，先营封侯外戚呢？"

一席话，说得汉章帝只有俯首受教，唯唯退出。终于放弃了赐封的打算。

马太后到垂暮之年，有关部门接连以旧制为依据，再一次奏请章帝赐封各位舅父。汉章帝便瞒着马太后分别赐封三个舅舅马廖、马防和马光为顺阳侯、颍阳侯和许侯。

马太后听到消息后，找来三位兄弟规劝说："我虽已年老，仍告诫自己不要贪得无厌，我劝导兄弟共守此志，要使闭目身死之日不再遗憾。不料，我这老人的志向不再能够坚守！身死之日，我将永怀长恨了！"

马廖听了这话，羞愧难当，立即和马防、马光一起上书，请求辞去了一切官职，最后辞去新封，回到了自己的宅第。

在马太后的教导、影响下，内亲外戚乃至全国上下，一致崇尚谦逊朴素，都以简朴为荣，并能安分守法。

后来，马太后的母亲蔺夫人去世，家中人把坟茔砌得高一些，超过了朝廷制度的规定，马太后立命马廖将高出的部分削去，改回合适的高度。

公元 79 年农历六月癸丑，42 岁的马太后病逝于长乐宫，封"明德皇后"。同年七月壬戌，她与汉明帝合葬于显节陵。

马太后身为皇母，能够将国家利益置于个人利益之上，其所作所为，对汉明帝、汉章帝两朝的政治都有着积极的影响。她是封建社会里少有的"国情"胜于亲情的贤淑女性，赢得了后世人们的赞誉。

寒朗不惜冒死平冤狱

东汉时期的侍御史寒朗也是历史上一个克己奉公的官员。他甘愿冒死，平反冤狱的壮举，是青史留名的重大事件。

那是在东汉明帝时期，汉明帝刘庄有个异母兄弟叫刘英，他暗中勾结奸臣颜忠、王平等人，阴谋发动叛乱。汉明帝知道后十分震惊，万万没有想到自己十分关心爱护的弟弟居然要造反，因而非常愤恨。

汉明帝下令，凡是与造反有一点牵连的人都要斩首。还当着大臣们的面宣布，谁要是反对这样做，就以同党论处。这就是东汉时期有名的"楚狱"案件。

颜忠、王平被抓起来以后，为减轻自己的罪责，就胡乱栽赃，诬陷好人。许多与"楚狱"无关的人，都被汉明帝处置了。一时间，满朝上下，人人自危，没有了敢于直言的人。

寒朗作为侍御史参加了审理"楚狱"案件。见此情景，就下决心要为无辜者辩不白之冤，弄个水落石出。

就在这时，颜忠、王平又揭发隧乡侯耿建、朗陵侯藏信、护泽侯邓鲤、曲城侯刘建等人参与了谋反。明帝闻讯大怒，下令"穷治楚狱"，追查到底。于是，包括耿建等四人在内的一大批与此案无关的官员被牵连进去。

在朝野上下的一片肃杀气氛之中，百官噤若寒蝉，力求自保，独有寒朗挺身而出，为无辜者叫冤。

寒朗敢这样做，不光是心伤其冤，更是为了追求司法公正，实事求是，纠正错案。这样做当然风险极大，弄不好就会丢掉身家性命，甚至殃及满门。寒朗深知个中利害，所以，他决不逞匹夫之勇而莽撞行事，而是做了周密调查悉心研究的充分准备。

为了查证清楚，寒朗亲自审问刘建等人。刘建等人冤屈地说："我们与颜忠、王平等人连面都没见过，怎么会同他们一起谋反呢？"

寒朗听后，就命人将颜忠、王平押上来审问。寒朗严肃地问道："既然你们揭发刘建等人曾同你们一块谋反，那你们说说刘建等人都长的什么样子？"

这一问，可把颜忠、王平问傻了，因为他们是胡编，根本没见过远在山东的刘建等人。寒朗听后非常气愤，决心冒杀头的危险，向汉明帝说明真相。

寒朗来到朝堂，向汉明帝跪奏道："陛下，刘建等人根本没有参与谋反，是受奸臣诬陷而已，现已查清，还有很多人都是无辜受害者。"

汉明帝不想推翻自己最初的判断，因此对寒朗的话根本听不进去，他说："四侯既然没有参与奸谋，那么颜忠、王平为什么要牵引他们？"

寒郎答道："颜忠、王平自称所犯之罪大逆不道，难以饶恕，所以才大量捏造牵引，企图以此开脱自己。"

汉明帝说："既然如此，刘建等人就没有罪过了，那你为什么不早早奏上，而是一直等到案子审完，还把刘建他们长久关押于此呢？"

寒朗答道："虽然调查他们没有罪，但担心海内另外有别人揭发他们有奸谋，所以我没敢及时上奏。"

汉明帝暴怒地说："你这明明是反对我处治参加造反的人！看来，你是被人收买了。来人啊！把寒朗拉出去斩首示众！"

这时，朝廷上空气十分紧张，但寒朗却神态自若，他高声说："等一等，我早就做了杀头的准备，不过请皇帝听我把话讲完。"

汉明帝问道："还有什么话，快讲！"

寒朗答道："我自己知道要为此灭族，不敢牵连多人，确实希望陛下万一觉悟而已。臣见到拷问囚犯的当事官吏，都说造作妖言是大罪，为臣子所应嫉恨，对牵连的人放掉不如关起来，以后可以没有责任。

"所以拷问一个牵连十个，拷问十个就牵连百个。公卿朝见时，陛下问以朝政得失，都是长跪而言。旧时规定大罪祸连九族，如今陛下大恩，只罪及其身，天下幸甚。等他们回到自己家，口中虽然不说，却暗自仰屋长叹，没有不知道此案有很多冤枉的，但都是不敢对陛下的决断有不同意见的。"

这时，汉明帝的脸色缓和了许多。

寒朗继续说："我之所以要冒死奏明皇上，就是为了防止那些无辜者受到牵连，希望皇上能从盛怒中清醒过来。一些人助长皇上滥杀无辜，是为了自己当官，不是为了国家，这样下去冤狱越来越大，就会造成众叛亲离的结果，那么江山就要被断送。我这些话，请皇上三思。"

寒朗的滔滔一"辩"，言之有据，入情入理，可谓义正词严，无懈可击。

汉明帝被寒朗的真诚、直率所感动，终于醒悟了过来，觉得寒朗人品可贵，也就没有再去追究寒朗的失察之责。

过了两天，汉明帝亲自摆驾洛阳监狱，审查囚徒。经查实、审理，开释了那些无辜的受害者。后来，王平、颜忠死在监狱中。

寒朗知道自己有失察之罪，虽然皇帝没有追究，但有过必罚，就把自己关押起来。不久，汉章帝刘炟即位，知道了寒朗的事情就赦免了他。

这件冤案，在寒朗的据理力争之下，终于得到了制止。当然，在君主专制社会的大环境下，寒朗的辩冤解狱，确乎来之不易。

寒朗为别人的事在君王前冒死强谏，不是一个"笃"字了得，除了基于"仁者之情"外，还有一个因素，那就是他能够冷静分析，想出高明的办法审察颜忠、王平，从而察出端倪，判定冤情。

寒朗不计身家性命，舍生忘死平冤狱，甚至甘愿把自己投入大牢，真正做到了"公正无私"。这种可贵的克己奉公精神，深得后人赞叹！

是仪不存私心勤奉公

三国初期也不乏克己奉公的典范式人物。在孙权执掌大权的吴国，有一个专管国家机要的骑都尉，名叫是仪，他是一个文武双全，德才兼备的官员。

是仪原本姓氏，叫"氏仪"，东汉末年的大文豪孔融说"氏"字是"民"无上，不吉利，建议他改为姓"是"。于是，"氏仪"改为"是仪"。

是仪前后做官50年，从县吏到公卿、封侯，但他从未置过任何产业，不接受额外赏赐和别人的馈赠，一辈子过着极为俭朴的生活。

是仪布衣素食，从不追求精美华丽的服饰和味香色佳的菜肴，更谈不上能粉黛附珠之妾和珍宝玉器了，他省吃俭用，把剩余钱粮都接济了贫困的乡邻。

是仪廉于自身，固守清俭的行为，受到当地人的尊敬，大家交口称赞。人们一传十，十传百，不久传到了孙权那里。

孙权一开始并不太相信。因为在当时的东吴，原来南方的土著士族和北方南迁的世家大族，攀比排场，使奢侈之风日益兴盛，有的人身居高官，不思政务，却挖空心思搜刮财物，有的士族甚至积谷万仓，妻妾成群，婢女盈房，用粮肉喂犬马。

孙权想：是仪固然可能没有田产，但到底会不会像朝野上下所赞誉的那样俭朴呢？为了证实传闻，他决定去是仪家看个究竟。

这一天，孙权连个招呼都不打，就驾车专程来到了是仪家。只见他的屋舍简陋窄小，年久失修，显得破旧，屋内光线昏暗，全然不像个朝廷重臣的宅第。

过了一会儿，正巧是仪家开饭，孙权坚持要亲眼看看是仪家平时的饮食，端上来的是粗米饭和简单的蔬菜，亲口尝一尝，味道很一般。

孙权叹息不已，连声说道："想不到你为官数十载，身为朝廷股肱，竟吃得这么差，住得这么寒酸，耳闻目睹，可敬可佩！"说罢，孙权吩咐增加是仪的俸禄，并额外赏赐给他田产和住宅。

是仪执意不肯接受，一再辞谢道："臣一生俭节，粗茶淡饮足矣。"

孙权只得作罢。从那以后，孙权对是仪倍加尊重。有一年，他外出巡视，又路过是仪家附近，忽见一幢壮观的新宅大院，外表修饰得富丽堂皇，在一片低矮的旧宅中显得十分引人注目。

孙权问左右："这是谁家的新宅，如此富丽？"

侍从中有人随口答道："好像是是仪家。"

孙权连连摇头，说道："是仪俭朴过人，堪称廉洁奉公的楷模，肯定不是他家营建的新房。"

后来经过查问，果然不是是仪的房子。是仪就是这样被孙权所了解信任。

是仪经常向孙权提出建议，从不谈论他人短处。孙权常责备是仪不谈论时事，是非不明，是仪回答说："圣明君主在上，臣下尽忠职守，唯恐不能称职，实在不敢以臣下愚陋的言论，干扰圣上视听。"

有一次，校事吕壹诬告前江夏太守刁嘉诽谤国家政策，孙权大怒，将刁嘉逮捕入狱，彻底追查审问。

当时与刁嘉一起在座的人都惧怕吕壹，同声说刁嘉曾有过此事。孙权诏令追究深查，诘问数日，越来越严厉，群臣吓得连大气都不敢出。这时，只有是仪说没听到过刁嘉有此事，在孙权的多番严厉质问下，是仪仍然如实回答，他说："如今刀锯已压在臣的脖子上，臣下怎敢为刁嘉隐瞒自取灭亡，成为对君王不忠之鬼。但是，知与不知当有始末，臣下确未察知刁嘉有半点不轨之举！"

最后孙权相信了是仪，只好把刁嘉放了。刁嘉也因此而得以清白，免遭处罚。

是仪为国家服务数十年，未曾有过过错。吕壹身为典校郎，多次向孙权告发将相大臣，并说在被告发的人中，有的人一身就犯有三四项过错，但吕壹唯独没告发过是仪。

是仪在临终前，留下遗言："我死后只穿平常衣服入殓，薄棺素身，不要髹漆装饰，丧事杜绝奢华，一切务必从俭。"

按照是仪的遗愿，子女亲友们从简办了丧事。

是仪一生勤勉、公不存私、清心寡欲的高风亮节，一直保持到生命最后一息。他的美德，被后世一代一代流传下来，影响了许多人。

孟懿子问孝

子游问孝

子游①问孝。子曰："今之孝者，是谓能养。至于犬马，皆能有养，不敬，何以别乎？"子夏问孝，子曰："色难②。有事，弟子服其劳；有酒食，先生馔，曾是以为孝乎？"子曰："吾与回言终日，不违③，如愚。退而省其私④，亦足以发，回也不愚。"

【注释】

①子游：姓言名偃，字子游，吴人，比孔子小 45 岁。

②色难：色，脸色。难，不容易的意思。

③不违：不提相反的意见和问题。

④退而省其私：考察颜回私下里和其他学生讨论学问的言行。

【解释】

子游问什么是孝，孔子说："如今所谓的孝，只是说能够赡养父母就足够了。然而，就是犬马都能够得到饲养。如果不存心孝敬父母，那么赡养父母与饲养犬马又有什么区别呢？"

子夏问什么是孝，孔子说："最不容易的就是对父母和颜悦色。仅仅是有了事情，儿女需要替父母去做，有了酒饭，让父母吃，难道能认为这样就可以算是孝了吗？"

孔子说："我整天给颜回讲学，他从来不提反对意见和疑问，像个蠢人。

等他退下之后，我考察他私下的言论，发现他对我所讲授的内容有所发挥，可见颜回其实并不蠢。"

【故事】

童年贪玩的大儒孟子

　　孟子，名轲，字子舆，山东邹县人，战国时期著名思想家、教育家。从小不爱学习，顽皮成性，后在母亲的感染下，发奋读书，终成为一代儒师。

　　战国时，在山东邹县的一户贫苦人家，刚刚3岁的孟轲便失去了父亲，家庭的重担全部落在母亲一个人肩上，孟母每天辛苦劳作把孟子抚养成人。孟母很重视教育，一心想把孟轲培养成有学问的人。

　　童年的孟轲很贪玩，孟家附近有一块墓地，经常有出殡、送葬的人群，不是吹吹打打，就是哭哭啼啼。孟轲经常与伙伴们一起模仿他们。

　　孟母见了很生气，对儿子说：

　　"你父亲是一位有学问的人，他因为生病而英年早逝，不能从小教你读书认字。我们家境又不好，若你不认真读书，将来怎会有出息？"

　　为了让孟轲能够受到良好的教育，孟母把家迁到城里。她以为孟轲可以专心读书了。

　　但孟轲的家背后离闹市很近，嘈杂的声音使孟轲无法认真读书。孟轲和他的新伙伴常常模仿卖货的、打铁的、杀猪的。孟母见了更为生气，于是决心再次搬家。

　　这一次，孟母把家迁到了学宫附近。学宫是读书胜地，许多读书人在那里学习，还时常演练礼仪。

孟轲受到了感染，每日在家中专心读书，也渐渐模仿起学宫中演练礼仪的举止来。

不久，孟母把孟轲送入了学宫。孟轲在那里学到了很多知识和礼仪，接受了许多新思想，也为他今后的成功奠定了基础。

初到学宫，孟轲对学习兴趣很浓，也很用功。但年幼的孟子并不懂得母亲望子成龙的良苦用心，不久，孟轲又重蹈覆辙，便开始整天只知玩耍。他爱上了射鸟，并自制了一套非常精致的弓箭用来射鸟。

有一日，孟轲正在上课，人在课堂，心思却早已跑出窗外。他突然想起了村东湖中的天鹅，想射一只来玩玩，于是就再也坐不住了。他趁老师不注意，偷偷地溜出了学宫，跑回了家。

正在家中辛苦织布的孟母见孟轲又逃学回来，随手抄起身旁的一把剪刀，猛地几下把织机上已经织成的一块布拦腰剪断了。

孟轲从未见母亲如此生气，他愣在那里，不知所措。母亲严厉地问道："这布匹断了还能重新接好吗？"

"不能。"孟轲怯声答道。

孟母又说："你不专心读书，半途而废，将来也会像这断了的布匹一样，成为没用的废物。"

话一出口，孟母再也抑制不住自己的情绪，伤心地痛哭起来。

孟轲看到伤心的母亲，又看看被母亲割断的布，恍然大悟，跪到母亲面前，说：

"母亲，原谅孩儿吧，孩儿一定不辜负母亲的希望，好好念书。"

从此以后，孟轲发奋学习，终于成为满腹经纶的大学者。

长大后的孟子虽然学富五车，然而仍不满足，决心外出历练，同时拜访名师，继续上进。

子游问孝

在游历到孔子的故乡曲阜时，几经周折，拜孔子的得意弟子、曾子的传人、品德高尚的司徒牛为师。

从此，孟子跟随司徒牛又开始向更高的境界迈进。经过多年的努力，孟子终于成了一代大儒。

子游问孝